LA LEGITIMACIÓN EN EL PROCESO CIVIL ESPAÑOL

LA LEGITIMACIÓN EN EL PROCESO CIVIL ESPAÑOL

Paloma Arrabal Platero

Profesora Permanente Laboral de Derecho Procesal
Universidad Miguel Hernández (Elche)

Da mihi
factum
dabo tibi ius

INSTITUTO VASCO DE
DERECHO PROCESAL

Este trabajo ha obtenido el «PREMIO INSTITUTO VASCO DE DERECHO PROCESAL 2024» (compartido) siendo Presidente de la Comisión que lo ha otorgado el Prof. Dr. Antonio Mª. Lorca Navarrete, Catedrático de Derecho Procesal y Director del Instituto Vasco de Derecho Procesal.

© 2024 Paloma Arrabal Platero

© 2024 Atelier
      Santa Dorotea 8, 08004 Barcelona
      e-mail: atelier@atelierlibros.es
      www.atelierlibrosjuridicos.com
      Tel. 93 295 45 60

I.S.B.N.: 978-84-10174-93-1
Depósito legal: B 18223-2024

Diseño y composición: Addenda, Pau Claris 92, 08010 Barcelona
      www.addenda.es

Impresión: Safekat

SUMARIO

INTRODUCCIÓN

La legitimación constituye la relación de la parte con el objeto del proceso (independientemente de que derive de la titularidad de un derecho, de un interés legítimo o de que el legislador así lo haya establecido) y, como tal, es una institución básica del Derecho procesal, en tanto que dota de eficacia a los procesos judiciales que se insten por las partes para la resolución de los conflictos que surgen en la aplicación material de las normas o en el ejercicio de los derechos. Y ello porque, aunque cualquier persona (física o jurídica) tiene garantizado el acceso a la tutela judicial, esta no será efectiva si el tribunal no resuelve frente a quien interesa o resuelve frente a quien no interesa.

Con todo y con ello, en el ámbito procesal se ha destacado a la legitimación como una figura «confusa»[1]. Ello responde a

---

1. Resulta muy ilustrativo el subtítulo que MONTERO AROCA dedica a su monografía *La legitimación en el proceso civil (Intento de aclarar un concepto que resulta más confuso cuanto más se escribe sobre él)*, Civitas, Madrid, 1994, precisamente por lo complejo que es definir a la legitimación. También GÓMEZ ORBANEJA, E., *Derecho procesal civil. Parte General*, Artes Gráficas y ediciones, Madrid, 1976, p.135 afirma que «el concepto de legitimación es uno de los más debatidos y, al mismo tiempo, más confusos del derecho procesal». En un sentido similar, NAVARRO HERNÁN, M., *Partes, legitimación y litisconsorcio en el proceso civil*, Colex, Madrid, 1998, p. 91 refiere que «el concepto de legitimación es uno de los más oscuros y confusos del

que es un concepto importado del ámbito material, aunque hoy por hoy es posible afirmar, sin ningún género de dudas, la plena autonomía de la legitimación procesal. Sin embargo, en nuestros días sigue vigente la discusión en torno a esta figura[2], ahora por la proliferación de supuestos que ha alterado la concepción consensuada que se había alcanzado en torno a la misma[3]. Ello, indudablemente, obliga a repensar también el tratamiento procesal que se le debe dispensar.

A la delimitación de la legitimación y a su categorización en el proceso civil español se dedica este trabajo, que pretende recopilar la importante doctrina que ha sentado las bases de su conceptualización y actualizar su marco normativo a la luz del incesante reconocimiento de nuevos supuestos.

Paloma Arrabal Platero

Profesora Permanente Laboral de Derecho Procesal
Universidad Miguel Hernández (Elche)

Derecho procesal», dado que deriva de «las malformaciones congénitas de nuestro Derecho procesal» y «hunde sus raíces no sólo en el campo del Derecho procesal, sino también en el del Derecho civil» (p. 92). También OCHOA MONZÓ, V., «Legitimación, publicidad e intervención en procesos para la protección de derechos e intereses de consumidores y usuarios», *Práctica de tribunales: revista de derecho procesal civil y mercantil*, Nº. 38, 2007, pp. 34—47 destaca que «la legitimación representa para el proceso —cualquiera que sea la naturaleza de éste, pero en mayor medida en el civil—, una de las cuestiones más complejas pero a la vez más trascendente y relevante para el proceso mismo».

2. Discusión que alcanza incluso a fotos de Internet, en la que se le ha definido como una «institución procesal de «genética» sustantiva», como señala un comentario firmado por Pedro Álvarez Sánchez de Movellán al trabajo DAMIÁN MORENO, J., «Tener o no tener legitimación. De eso se trata», *Almacén de Derecho*, diciembre 2016, disponible en https://almacendederecho. org/leccion-no-legitimacion-se-trata (última visita: 27 de noviembre de 2023).

3. Como señala JUAN SÁNCHEZ, R., *La legitimación en el Proceso Civil*, Aranzadi, Cizur Menor, 2014, p. 21, «siendo su número actual (de supuestos de legitimación) tan elevado que su categorización supone un verdadero esfuerzo».

CAPÍTULO I
CONCEPTO Y FUNDAMENTO DE LA LEGITIMACIÓN

1. CONCEPTO DE LEGITIMACIÓN

La «legitimación» es una institución con un reconocimiento legal relativamente reciente en el ámbito procesal[4] —aunque ampliamente discutida por la doctrina[5]— respecto de la

---

4. Antes de la Ley 1/2000, de 7 de enero, de Enjuiciamiento Civil, la LEC de 1881 no contemplaba regulación alguna sobre la legitimación, como destaca GARBERÍ LLOBREGAT, J., *Capacidad, postulación y legitimación de las partes en el proceso civil*, Bosch, Barcelona, 2009, p. 67. Al respecto puede leerse a MONTERO AROCA, J., *La legitimación en el proceso civil (Intento que aclarar...)*, *Op. Cit.*, en cuya sección I narra el desarrollo doctrinal en torno al concepto de legitimación y los intentos por intentar incluirla en la ley, esforzándose «en conseguir que la LEC dijera lo que no podía decir» porque «el concepto era desconocido cuando esta Ley se redactó». NAVARRO HERNÁN, M., *Partes, legitimación...*, *Op. Cit.*, p. 96 destaca que la LEC «—salvo algunas alusiones esporádicas a parte legítima, en sus artículos 114, 160 y 216, equiparada en el segundo de estos preceptos a parte «litigante» sin más matización— no emplea la palabra legitimación ni, por tanto, la regula».

5. En tal sentido, pueden leerse GIMENO SENDRA, V., *Derecho procesal civil. I. El proceso de declaración. Parte general*, Ediciones Jurídicas Castillo de Luna, Madrid, 2009, pp. 159 y ss.; ARMENTA DEU, T., *Lecciones de Derecho procesal* civil, Marcial Pons, Madrid, 2021; ASENCIO MELLADO, J.M., *Derecho procesal* civil, Tirant Lo Blanch, Valencia, 2015, pp. 95 y ss.; ÁLVAREZ ALARCÓN, A., «Las partes del proceso civil», en ÁLVAREZ ALARCÓN, A., PÉREZ-CRUZ MARTÍN, A.J., RODRÍGUEZ TIRADO, A.,

que algunos autores han llegado a afirmar, incluso, que no tiene relevancia en esta disciplina[6].

Así, puede entenderse por legitimación la vinculación de las partes con el objeto de un concreto proceso que les permite comparecer como tales para obtener una resolución judicial sobre el fondo[7]. Ello con independencia de que dicha

---

SEOANE SPIEGELBERG, J.L., *Derecho procesal. Tomo 1*, 4ª edición, Andavira editora, Santiago de Compostela, 2013, p. 99; MONTERO AROCA, J., *La legitimación en el proceso civil (Intento que aclarar...), Op. Cit.*; JUAN SÁNCHEZ, R., *La legitimación en el Proceso civil. Los titulares del Derecho de acción: Fundamentos y reglas*, Aranzadi, Cizur Menor, 2014. GONZÁLEZ PILLADO, E., «Comentarios prácticos a la Ley de Enjuiciamiento Civil. Arts. 6 a 11», *InDret*, nº 3, 2004, p. 20 destaca que no puede decirse «que la cuestión esté aclarada» porque «la doctrina procesalista no ha alcanzado a realizar una construcción conceptual estable». Esta discusión, sin embargo, no tiene lugar únicamente en nuestras fronteras, como puede verse, a modo de ejemplo, en SEIXAS DE SOUSA, M.B., *A Ilegitimidade Singular*, Almedina, Coimbra, 2022.

6. Pueden verse como autores contrarios a la opinión general, NIEVA FENOLL sostiene que la legitimación es una cuestión concerniente al Derecho privado que «no interesa al Derecho procesal», en NIEVA FENOLL, J., *Derecho procesal II. Proceso civil*, segunda edición, Tirant Lo Blanch, Valencia, 2022, p. 58. También MORENO CATENA, en CORTÉS DOMÍNGUEZ, V., MORENO CATENA, V., *Derecho procesal civil. Parte general*, Tirant Lo Blanch, Valencia, 2019, p. 96 señala que «el estudio de la legitimación agota normalmente su virtualidad en el plano teórico y, en la mayoría de los casos, carece de trascendencia alguna, por lo que podría sostenerse que se trata de un concepto superfluo, que en la práctica a nada conduce».

7. GARBERÍ LLOBREGAT, J., *Capacidad, postulación..., Op. Cit.*, p. 66 define la legitimación como «la relación jurídica con la que se encuentra un sujeto, o una pluralidad de ellos, con respecto al objeto litigioso de un determinado proceso». Así, MONTERO AROCA define la legitimación como «quien debe interponer la pretensión y contra quién debe interponerse para que el juez pueda dictar una sentencia en la que resuelva sobre el tema de fondo», en MONTERO AROCA, J., GÓMEZ COLOMER, J.L., BARONA VILAR, S., CALDERÓN CUADRADO, M.P., *Derecho jurisdiccional II. Proceso civil* (24ª edición), Tirant lo Blanch, 2016, pp. 79- 80. JUAN SÁNCHEZ, R., «El interés jurídico como criterio de legitimación en el

vinculación tenga su origen en el derecho discutido o en su reconocimiento legal.

Actualmente la ley de enjuiciamiento civil reconoce legitimación, por un lado, «a quienes comparezcan y actúen en juicio como titulares de la relación jurídica u objeto litigioso» y, por otro, a aquellas personas distintas a las que se les atribuya por ley[8]. Así, la redacción de la ley de enjuiciamiento civil permite clasificar la legitimación entre la de aquellos que tienen una relación extraprocesal previa con el derecho discutido y la de aquellos a quienes dicha vinculación se les reconoce, precisamente, para el proceso. La primera es la conocida como legitimación ordinaria y la que nace *ex lege* es la legitimación extraordinaria.

Este segundo tipo de legitimación responde a la necesidad del legislador de ampliar la tutela de las relaciones jurídico-privadas[9], pero, como se verá, ha tenido lugar a través del gradual —pero incesante y significativo— reconocimiento de legitimación a nuevos sujetos en los últimos años que, lamentablemente, ha contribuido a la distorsión de la institución[10].

---

proceso civil», *Teoría y derecho: revista de pensamiento jurídico*, N°. 10, 2011, p. 215 refiere que la legitimación procesal es una cuestión objetiva-subjetiva que «se define por referencia a dos elementos consustanciales a todo proceso y además por este orden: sobre qué se va discutir en el juicio y por quién» e insiste que se reconoce «en virtud de» una posición en la que se encuentra el sujeto respecto a un determinado objeto, pero no es «una posición». Para BANACLOCHE PALAO, J., CUBILLO LÓPEZ, I.J., *Aspectos fundamentales de Derecho Procesal Civil*, 3ª edición, Wolters Kluwer, Madrid, 2016, p. 226 es la vinculación entre la parte y el concreto conflicto en liza.

8. Véase el artículo 10 de la LEC que, en palabras de GARBERÍ LLOBREGAT, J., *Capacidad, postulación...*, *Op. Cit.*, p. 67, conceptualiza la legitimación «un tanto defectuosamente».

9. Así lo sostiene también JUAN SÁNCHEZ, R., *La legitimación en el Proceso Civil*, Aranzadi, Cizur Menor, 2014, p. 21.

10. ARMENTA DEU destaca que «la legitimación se caracteriza por una regulación compleja», en ARMENTA DEU, T., «La legitimación en las acciones

La atención que recibe la legitimación es debida, principalmente, a que se trata de un término que, en origen, se utilizaba únicamente para identificar al titular de un derecho subjetivo[11]. La naturaleza pública del proceso y la evolución del derecho de acción permiten diferenciar en la actualidad entre el sujeto de la relación jurídica (parte material) y el sujeto del proceso (parte procesal)[12]. Así, hay supuestos en los

---

colectivas», en VVAA, *La tutela de los derechos e intereses colectivos en la justicia del siglo XXI...*, *Op. Cit.*, pp. 103-148. La autora, también destaca, en ARMENTA DEU, T., *Lecciones de Derecho Procesal Civil*, segunda edición, Marcial Pons, Madrid, 2004, p. 91, que los intereses colectivos y la protección de la propiedad intelectual plantean la necesidad de adecuar y matizar el concepto de legitimación. Y BARBERO GONZÁLEZ, M.V., «Los derechos e intereses supraindividuales: una oportunidad perdida en el Anteproyecto de Ley de acciones de representación», *Diario LA LEY*, N° 10345, Sección Doctrina, 11 de septiembre de 2023 califica la dispersión normativa sobre esta materia de «caos legislativo». En un sentido similar, GUTIÉRREZ DE CABIEDES, P., «Acciones colectivas: pretensiones y legitimación» en VVAA, *Acciones colectivas (cuestiones actuales y perspectivas de futuro* (Coords. ARMENTA DEU, PEREIRA PUIGVERT), Marcial Pons, Madrid, 2018, p. 47 señala como una nota de la normativa española en esta materia (aunque en referencia a la legitimación para el ejercicio de acciones colectivas) «la deficiente técnica legislativa y de formulación de los preceptos que la disciplinan» que conlleva que su regulación esté «marcada claramente por una llamativa insuficiencia e imprecisión (...), además de dispersión, que produce una innecesaria situación de caos y confusión legislativa».

11. GÓMEZ ORBANEJA, E., *Derecho procesal civil. Volumen primero. Parte general*, Artes y Gráficas ediciones, Madrid, 1976, p. 135.

12. Como sostiene ÁLVAREZ ALARCÓN, A., «Las partes del proceso civil», en ÁLVAREZ ALARCÓN, A., PÉREZ-CRUZ MARTÍN, A.J., *Op. Cit.*, p. 93, «para que el proceso pueda versar sobre una pretensión concreta de justicia y para que el juez deba pronunciarse sobre dicha petición (...) es necesario que exista una relación entre el sujeto que pretende una declaración judicial sobre un determinado asunto y el asunto mismo». SEIXAS DE SOUSA, M.B., *A Ilegitimidade Singular, Op. Cit.*, p. 37 destaca que la distinción entre la legitimación procesal y la sustantiva es crucial para el entendimiento actual de la legitimación procesal como presupuesto procesal.

que ambos sujetos coinciden y otros en los que no, ya que el legislador ha reconocido a determinadas personas distintas del titular del derecho la posibilidad de ejercitar en juicio algunas acciones en calidad de parte[13].

En este sentido, es preciso diferenciar, eso sí, la *«legitimatio ad causam»* de la *»legitimatio ad processum»*, comúnmente confundidas. La primera es la que podría equipararse a lo que hoy en día entendemos por legitimación[14], aunque hay autores que sostienen que hace referencia únicamente a algunos supuestos concretos como los de legitimación extraordinaria[15] o la sucesión[16].

Por el contrario, la *«legitimatio ad processum»* es la capacidad procesal, esto es, la aptitud de un sujeto para actuar válidamente en juicio y realizar actos procesales por uno mismo[17]. Tal y como acertadamente señala la doctrina, de-

---

13. DAMIÁN MORENO, J., «Tener o no tener legitimación. De eso se trata», *Almacén de Derecho*, diciembre 2016, disponible en https://almacendederecho.org/leccion-no-legitimacion-se-trata (última visita: 27 de noviembre de 2023).
14. Vid. GIMENO SENDRA, V., *Derecho procesal civil. I...*, *Op. Cit.*, p. 159. También ZARZALEJOS NIETO, J., «El enjuiciamiento preliminar de la falta notoria de legitimación (Un supuesto de sentencia inmediata)», *Revista General de Derecho procesal*, Iustel, 56, 2022, p. 5; GÓMEZ DE LIAÑO GONZÁLEZ, F., GÓMEZ DE LIAÑO DIEGO, R., «Nuevamente sobre la legitimación», *Justicia: revista de derecho procesal*, nº 3-4, 2007, pp. 68-71.
15. A modo de ejemplo, MORÓN PALOMINO, M., *Derecho procesal civil (Cuestiones fundamentales)*, Marcial Pons, Madrid, 1993, p. 215, refiere que la *legitimatio ad causam* estaba relacionada en origen con algunos casos de sucesión. DAMIÁN MORENO, J., «Tener o no tener legitimación. De eso se trata», *Op. Cit.* (última visita: 27 de noviembre de 2023), señala que hace referencia a los supuestos de legitimación extraordinaria, esto es, aquellos que vienen determinados por ley y deriva de la titularidad de la relación jurídica previa por la que se litiga.
16. NAVARRO HERNÁN, M., *Partes, legitimación...*, *Op. Cit.*, p. 91.
17. Véase, entre otros, FERNÁNDEZ LÓPEZ, M., «Las partes», en *Derecho procesal civil. Parte general* (Dir. ASENCIO MELLADO; Coord. FUENTES SORIANO), Tirant Lo Blanch, Valencia, 2019, p. 64.

biese abandonarse esta denominación —«que nada tiene que ver con la legitimación como concepto»—, por la confusión que crea[18].

La legitimación, a diferencia de la capacidad procesal y de la capacidad para ser parte[19], que permiten el ejercicio «en abstracto del derecho de acción»[20], se predica en un determinado proceso y le dota de eficacia[21].

Y tanto la legitimación activa (la del demandante), cuanto la pasiva (la del demandado) son afirmadas por la parte actora en su demanda, dando «vida al proceso»[22]. Sin embargo, en ocasiones la simple manifestación de la condición de parte legítima «no es suficiente para abrir un proceso, exigiendo el legislador la acreditación inicial de la legitimación para poder admitir la demanda y, por consiguiente, sustanciar el proceso» a través de un principio de prueba[23].

---

18. GARBERÍ LLOBREGAT, J., *Capacidad, postulación y legitimación...*, *Op. Cit.*, p. 68.

19. Que es la aptitud que faculta para ser titular y responsable de los derechos, obligaciones y cargas procesales, vid. ASENCIO MELLADO, J.M., *Derecho procesal* civil, *Op. Cit.*, p. 85.

20. MORENO CATENA, en CORTÉS DOMÍNGUEZ, V., MORENO CATENA, V., *Derecho procesal civil...*, *Op. Cit.*, p. 93.

21. GARBERÍ LLOBREGAT, J., *Capacidad, postulación y legitimación...*, *Op. Cit.*, pp. 65-66.

22. MORENO CATENA, en CORTÉS DOMÍNGUEZ, V., MORENO CATENA, V., *Derecho procesal civil...*, *Op. Cit.*, p. 93. En un sentido similar, LORCA NAVARRETE, A., *La persona procesal civil*, Instituto Vasco de Derecho procesal, San Sebastián, 2022, p. 50 señala que en nuestro ordenamiento, la legitimación surge de la exclusiva afirmación ante un tribunal, por quien es persona procesal civil, de su titularidad. También ZARZALEJOS NIETO, J., «El enjuiciamiento preliminar de la...», *Op. Cit.*, p. 6 sostiene que es «la condición que el demandante afirma de sí mismo y del demandado resultante de su relación con los hechos constitutivos del conflicto».

23. GONZÁLEZ PILLADO, E., «Comentarios prácticos a la Ley de Enjuiciamiento Civil. Arts. 6 a 11», *InDret*, nº 3, 2004, p. 22, quien refiere los casos previstos en los artículos 266.2, 266.3, 595.3, 614.1, 767.1. 439.2 o 439.4 LEC.

Tras ello, el tribunal debe analizar si quienes comparecen son partes legítimas, porque nada puede resolver frente a quien a nada le afecta tal resolución[24]. Sin embargo, existen diversas posturas doctrinales sobre la determinación del concreto momento de dicho examen judicial, que no es una cuestión sencilla, porque ello exige el análisis de la cuestión de fondo planteada. En este sentido, quienes consideran la legitimación un presupuesto procesal defienden su examen inicial, incluso de oficio. Para quienes la legitimación es un elemento de la fundamentación de la pretensión[25] o un presupuesto de la acción[26], el análisis será posterior, en la valoración de la cuestión de fondo[27].

---

24. Ya GUASP, J., *Derecho procesal civil*, Instituto de estudios políticos, Madrid, 1956, pp. 199-200 la entendía como «la consideración especial en que tiene la ley, dentro de cada proceso, a las personas que se hallan en una determinada relación con el objeto del litigio, y, en virtud de la cual, exige, para que la pretensión procesal pueda ser examinada en cuanto al fondo, que sean dicha personas las que figuren como partes en tal proceso». En el mismo sentido, ZARZALEJOS NIETO, J., «El enjuiciamiento preliminar de la...», *Op. Cit.* sostiene que la legitimación es «el umbral que debe atravesar el órgano jurisdiccional para resolver el fondo del conflicto que se somete a su juicio.

25. GIMENO SENDRA, V., «¿Puede el Juez Inadmitir de oficio una demanda por falta de legitimación de las partes?», *Derecho & Sociedad*, nº 38, 2012.

26. ARMENTA DEU, T., *Lecciones de Derecho Procesal Civil*, segunda edición, Marcial Pons, Madrid, 2004 destaca que la legitimación «es un presupuesto de la acción y debe ser puesta en relación con el objeto del proceso mismo» y «no constituye un presupuesto que afecta a la relación jurídico-procesal» (...) cuya quiebra impide un pronunciamiento sobre el fondo (sobre la "relación jurídico-material")».

27. Así DAMIÁN MORENO, J., «Tener o no tener legitimación. De eso se trata», *Op. Cit.* (última visita: 27 de noviembre de 2023), sostiene que el órgano jurisdiccional no puede «prescindir del proceso apreciando de oficio la falta de legitimación al inicio del mismo» y, muy gráficamente añade que «parecería arriesgado autorizarle a determinar con los ojos aun vendados quién tiene razón en el proceso aun sin haberlo tramitado». MORENO

A la vista de la heterogeneidad de los distintos tipos de legitimación, resulta imprescindible arbitrar un tratamiento procesal flexible que contemple las particularidades de cada uno. En este sentido se pronunciaba GIMENO SENDRA, cuando señalaba que no es posible adoptar soluciones de máximos, sino que, por la propia casuística que presenta la legitimación, es necesario reconocer dos regímenes diferentes en función del tipo de supuesto de que se trate[28].

2. EL FUNDAMENTO CONSTITUCIONAL DE LA LEGITIMACIÓN

La legitimación se fundamenta en el derecho a la tutela judicial efectiva, proclamado en el artículo 24.1 de la Constitución Española[29]. Esta garantía, como ha señalado el Tribu-

---

CATENA, en CORTÉS DOMÍNGUEZ, V., MORENO CATENA, V., *Derecho procesal civil...*, *Op. Cit.*, p. 95 señala que si se denuncia por el demandando la falta de legitimación del actor, esta cuestión se convierte en *thema decidendi*.

28. Así, GIMENO SENDRA, V., «¿Puede el Juez Inadmitir de oficio una demanda...?» *Op. Cit.* defiende «la exigencia de revisar ambas tesis maximalistas en aras de la consecución de un tratamiento procesal que imponga, a los jueces, no sólo la oportunidad, sino incluso la obligación de un análisis previo, de dicho presupuesto procesal, de un lado, en aquellos supuestos en los que, de no aceptarse dicho conocimiento «a limine» puedan resultar conculcados los derechos «a un proceso sin dilaciones indebidas» y de «defensa», por absoluta inexistencia del derecho del actor a la interposición de pretensiones y, de otro, la exigencia, en otros casos, de que la legitimación se examine, junto con el fondo del asunto, con el objeto de no vulnerar el derecho a la «utela judicial efectiva»que conlleva el de obtener una resolución de fondo, una vez cumplidos los presupuestos y requisitos procesales».

29. GIMENO SENDRA, V., «¿Puede el Juez Inadmitir de oficio una demanda...? », *Op. Cit.*, p. 118. En el mismo sentido, LORCA NAVARRETE, A., *La persona procesal civil, Op. Cit.*, p. 53.

nal Constitucional en numerosas ocasiones, se concreta en derechos predicables de todas las etapas del proceso: el de acceso a la jurisdicción para hacer valer una pretensión, el de recibir una resolución motivada y fundada en Derecho y el de la ejecución de las sentencias firmes[30].

Así, en primer lugar, el ejercicio del derecho de acceso a la jurisdicción impide que existan obstáculos formales para que el sujeto activamente legitimado interponga la demanda.

En los casos en los que la vinculación entre la parte y el objeto de su pretensión se basa en la titularidad de un derecho o interés legítimo, el control de la legitimación está íntimamente relacionado con el asunto de fondo y exigiría un examen sobre el mismo, por lo que se aplica el principio *pro actione,* favoreciendo la admisión de las demandas sin entrar a valorar la legitimación de las partes[31].

En los supuestos de legitimación extraordinaria, para los que la ley reconoce la posibilidad de litigar a quien no es sujeto de la relación jurídica, es posible un control previo en el que el órgano jurisdiccional supervise si la parte actora está efectivamente legitimada (esto es, si está entre los supuestos reconocidos *ex lege*)[32]. Este examen pondera el derecho al libre acceso a los tribunales con la ineficacia de que el órgano jurisdiccional dicte resoluciones absolutorias en la instancia que deje imprejuzgada la relación jurídica material debatida por falta de legitimación. Este equilibrio se alcanza

---

30. Entre otras, pueden leerse las SSTC 26/1983, 10/2000, 83/2001, 190/2005.
31. Véanse, a estos efectos, a modo ejemplificativo, las SSTS 486/1993, de 18 de mayo; 1144/1995, de 18 de julio; 812/2004, de 12 de julio; 340/2010, de 14 de septiembre; 241/2013, de 9 de mayo y las SSTC 55/1986, de 9 de mayo; 12/1992, de 27 de enero; 140/1995, de 28 de septiembre; 71/2010, de 18 de octubre; 106/2013, de 6 de mayo.
32. GIMENO SENDRA, V., «¿Puede el Juez Inadmitir de oficio una demanda...?», *Op. Cit.*

con el reconocimiento de la capacidad de conducción procesal como un presupuesto procesal que le permita al Juez analizar, incluso de oficio, si quien comparece reúne la cualidad material que el ordenamiento prevé en los casos de legitimación extraordinaria[33].

Como se señalaba, el fundamento constitucional de la legitimación se predica del Derecho a la tutela judicial efectiva en todas sus manifestaciones. Así, no sólo debe referirse respecto del derecho de acceso a la jurisdicción, sino también del derecho a obtener una resolución de fondo fundada en Derecho. Y ello porque el tribunal sólo resolverá sobre el fondo cuando quienes comparezcan sean partes legítimas y sólo respecto de ellas. Así, una sentencia que determine la falta de legitimación de la demandada no produce efecto de cosa juzgada frente a quien debió ser parte pasiva del proceso y permite que el actor interponga demanda posterior frente a este, siempre que no haya caducado la acción[34].

En todo caso, el fundamento de la legitimación es, sin ninguna duda, constitucional, porque permite a los titulares de un derecho acudir a la jurisdicción haciendo valer su tutela judicial efectiva proclamada por el artículo 24 CE. Ello otorga a las normas materiales que disciplinan la legitima-

---

33. Como señala GIMENO SENDRA, V., «¿Puede el Juez Inadmitir de oficio una demanda...?» *Op. Cit.*, p. 120 «el fundamento de la capacidad de conducción procesal hay que encontrarlo en razones de economía procesal y en el estricto cumplimiento del derecho, que a todas las partes asiste, a un proceso sin dilaciones indebidas (art. 24.2 C.E.), puesto que resulta antieconómico para el Estado y oneroso para las propias partes que quiénes litigan, sin esa cualidad necesaria, hayan de llegar a una sentencia definitiva». De acuerdo con el autor, ello evitaría «procesos inútiles».

34. COUTURE, E.J., *Fundamentos del Derecho procesal civil*, tercera edición, De Palma, Buenos Aires, 1958, p. 420.

ción un carácter de orden público procesal[35]. Y, por supuesto, ello tiene también ciertas consecuencias, tales como que la negación de la legitimación permite el recurso en amparo por la vía del artículo 53 CE[36].

---

35. GIMENO SENDRA, V., «¿Puede el Juez Inadmitir de oficio una demanda...?», *Op. Cit.*, p. 118.
36. JUAN SÁNCHEZ, R., *La legitimación en el Proceso civil. Los titulares del Derecho de acción...*, *Op. Cit.*, p. 242.

CAPÍTULO II

LAS CLASES DE LEGITIMACIÓN

1. CLASES DE LEGITIMACIÓN

Tradicionalmente se advierten dos clasificaciones de la legitimación, una en función del sujeto y otra en función de su objeto.

En este sentido, en primer lugar, en atención a los sujetos legitimados, cabe distinguir entre la legitimación activa y la pasiva. La primera es la que ostenta quien insta un proceso solicitando la tutela del órgano jurisdiccional al que se dirige, bien por ser titular de un derecho o interés jurídico, bien porque una norma le reconoce la posibilidad de litigar en su defensa. La legitimación pasiva, por su parte, es la que ostenta el demandado por ser frente a quien se reclama la tutela judicial, quien debe cumplir con la obligación de soportar las consecuencias jurídicas de la pretensión. Así, a modo de ejemplo, quien suscribe un contrato de arrendamiento de servicios y sufre unos daños derivados de su inadecuado cumplimiento está legitimado activamente para reclamar por los mismos frente a quien ocasionó tales daños en el cumplimiento del contrato, en virtud del artículo 1.101 del código civil.

La segunda clasificación diferencia, desde la perspectiva del objeto de la legitimación, entre la ordinaria y la extraordinaria[37]. La legitimación ordinaria es aquella que deriva de la titularidad del derecho por el que se reclama, mientras que la extraordinaria viene reconocida por ley para determinados sujetos distintos de quienes son parte de la relación jurídica discutida. En esta categorización se advierten mayores discrepancias doctrinales, debido a varios motivos. El primero es que, aunque la protección de un «interés legítimo» se ha entendido mayoritariamente como un supuesto de legitimación ordinaria, la identificación de los intereses que bien podríamos denominar «legitimadores» se ha ido concretando por la norma o por la jurisprudencia, lo que los convierte, de facto, en supuestos de legitimación extraordinaria[38].

Otra de las causas de cierto desacuerdo académico en torno a la legitimación extraordinaria deriva de la complejidad de realizar una subcatalogación en los casos de protección de intereses plurales, por la prolija —y poco acertada— regulación en torno a los intereses colectivos o difusos[39].

Finalmente, en relación con la legitimación extraordinaria hay una creciente confusión derivada de la dispersión

---

37. GIMENO SENDRA, V., *Derecho procesal civil. I. El proceso de declaración. Parte general*, Ediciones Jurídicas Castillo de Luna, Madrid, 2015, pp. 159 y ss.
38. Así lo considera ASENCIO MELLADO, J.M., *Derecho procesal civil*, Tirant Lo Blanch, Valencia, 2015, p. 48, que recoge como supuesto especial de legitimación extraordinaria «toda la amplia gama de atribución de legitimación con base en la tenencia de un determinado «interés» que las diversas leyes materiales configuran como habilitante para actuar en calidad de parte en un proceso dado».
39. En este mismo sentido, OCHOA MONZÓ, V., «Legitimación, publicidad e intervención en...», *Op. Cit.* destaca que «si la legitimación representa una cuestión compleja la misma se enmaraña aún más cuando se trata de determinarla en procesos sobre consumidores y usuarios» y que «queriendo el legislador clarificar la cuestión no ha venido sino a oscurecerla o cuanto menos complicarla más de lo que ya por sí es sumamente complejo, como es la noción de la legitimación, en particular cuando se trata de la de las asociaciones de consumidores y usuarios en cuanto legitimadas para intervenir en procesos donde se defiendan los intereses de estos colectivos»

normativa en la que se han ido reconociendo los distintos supuestos. En este trabajo se ha hecho un esfuerzo de recopilación de los sujetos legitimados extraordinariamente en leyes especiales que, además, como se verá, en ocasiones sólo lo están para el ejercicio de algunas acciones concretas[40], lo que, de nuevo, dificulta su clasificación.

2. CLASES DE LEGITIMACIÓN EN ATENCIÓN AL SUJETO

La clasificación subjetiva permite diferenciar entre quien insta el proceso judicial (la parte activa, demandante o actora en el proceso civil) y frente a quien se solicita la tutela del órgano jurisdiccional (la parte pasiva, parte demandada)[41].

Dispone la ley de enjuiciamiento civil en su artículo 10, que «serán considerados partes legítimas quienes comparezcan y actúen en juicio como titulares de la relación jurídica u objeto litigioso. Se exceptúan los casos en que por ley se atribuya legitimación a persona distinta del titular». Aunque

---

40. Así, OCHOA MONZÓ, V., «Legitimación, publicidad e intervención en...,» *Op. Cit.* destaca que las acciones de cesación «presentan una entidad y dinámica propias que justifican un tratamiento diferenciado». Así, a modo de ejemplo, en los procesos iniciados mediante el ejercicio de una acción de cesación para la defensa de los intereses colectivos y de los intereses difusos de los consumidores y usuarios no procede el llamamiento a los afectados del artículo 15 de la ley de enjuiciamiento civil a fin de «proporcionar rapidez y eficacia a los procesos en los que se ejerciten este tipo de acciones», según sostiene MONTESINOS GARCÍA, A., «Aspectos procesales de las acciones colectivas en defensa de los consumidores de servicios bancarios», *Revista de derecho bancario y bursátil*, Año nº 34, N° 139, 2015, p. 261.
41. En palabras de GÓMEZ DE LIAÑO GONZÁLEZ, F., GÓMEZ DE LIAÑO DIEGO, R., «Nuevamente sobre la legitimación» *Op. Cit.*, p. 71, «se es parte en un proceso por el hecho de formular una demanda o aparecer designado en ella como demandado, abstracción hecha de que quien pida o frente a quien se pida sean o no titular y obligado»

con una redacción poco clara, este precepto distingue entre la legitimación ordinaria (quienes comparezcan y actúen en juicio como titulares de la relación jurídica u objeto litigioso) y la extraordinaria (quienes por ley se atribuya legitimación a persona distinta del titular), pero no formula diferencias en atención al sujeto, como se verá a continuación.

En todo caso, se es parte —activa y pasiva— desde la admisión de la demanda, aunque la legitimación de quien actúa como parte no se determina hasta un momento posterior, porque para el examen de su vinculación con el objeto del proceso es necesario, en la mayoría de las ocasiones, un análisis del fondo[42].

3. LEGITIMACIÓN ACTIVA

La legitimación activa puede definirse como «la especial cualidad o mérito que guarda una persona en relación con un determinado objeto litigioso que le habilita para promover un proceso e instar la consiguiente resolución judicial sobre tal objeto»[43].

Esta habilitación que legitima a un sujeto para actuar como parte en un proceso e instar una resolución judicial puede ser un derecho o interés, propio o ajeno. En relación con la titularidad del derecho o interés por el que se acciona, la legitimación activa se clasifica, a su vez, en propia (cuando

---

42. En similares términos, aunque sólo referido a la legitimación activa, MORÓN PALOMINO, M., *Derecho procesal civil...*, *Op. Cit.*, p. 214 sostiene que resulta complejo determinar a quién atribuir la facultad para iniciar un proceso, pues ni se debe reconocer a cualquier persona ajena al litigio, ni tampoco se puede exigir una titularidad inequívoca del derecho reclamado (que se conocerá en la sentencia).

43. Así, ÁLVAREZ ALARCÓN, A., «Las partes del proceso civil», en ÁLVAREZ ALARCÓN, A., PÉREZ-CRUZ MARTÍN, A.J., *Op. Cit.*, p. 94.

quien litiga lo hace en nombre propio y por derechos o intereses propios) o en impropia o extraordinaria (cuando se litiga por intereses jurídicos o derechos ajenos cuando así lo establezca la ley)[44]. Esta diferenciación, en realidad, hace referencia a la legitimación ordinaria y extraordinaria, respectivamente. Así, el que inste un proceso judicial para la defensa de su derecho al honor tiene legitimación activa propia para reclamar un pronunciamiento judicial frente a quien considera que lo ha vulnerado, pero el Ministerio Fiscal que interpone la demanda para la protección del derecho al honor de un menor ostenta legitimación activa impropia en tanto que reclama por derechos e intereses ajenos[45].

En el caso de que se litigue en defensa de un derecho, el legislador también ha previsto que la legitimación activa propia se trasmita a terceros *inter vivos* o *mortis causa*[46]. El pri-

---

44. Esta clasificación está mayoritariamente admitida por la doctrina y, a estos efectos, pueden verse ORTELLS RAMOS, M., JUAN SÁNCHEZ, R., «La legitimación», en *Derecho procesal Civil* (Dir. Y Coord. ORTELLS RAMOS), 17ª edición, Aranzadi, Cizur Menor, 2018, p. 136; ÁLVAREZ ALARCÓN, A., «Las partes del proceso civil» en ÁLVAREZ ALARCÓN, A., PÉREZ-CRUZ MARTÍN, A.J., *Op. Cit.*, p. 96; GONZÁLEZ GARCÍA, J.M., «Las partes principales» en *Nociones preliminares de Derecho Procesal Civil* (Dirs. NIEVA FENOLL, BUJOSA VADELL), Atelier, Barcelona, 2015, pp. 40-41.

45. Así, aunque JUAN SÁNCHEZ, R., «El interés jurídico como criterio de legitimación...», *Op. Cit.*, p. 215 sostiene que la concepción tradicional considera que está activamente legitimado aquél que «afirma soportar el daño jurídico que la declaración de certeza repara» esta definición deja al margen a aquellos sujetos que, aunque no soportan ningún daño cuya reparación solicitan, están igualmente legitimados.

46. Nótese, además, que ello es más probable en la medida en la que los tiempos de desarrollo de los procesos son cada vez son más dilatados por la saturación de los tribunales. En la página web del Poder Judicial puede consultarse la estimación de la duración de los procesos judiciales para un tipo de órgano judicial, orden jurisdiccional, año, tipo de procedimiento o materia y ámbito geográfico. Así, en el año 2022, el tiempo medio de los Juzgados de 1ª Instancia y J. de 1ª Instancia e Instrucción en materia civil varía en función del procedimiento, estando en 2,2 los divorcios consensuados,

mer caso ocurre por la trasmisión del objeto litigioso que puede darse, por ejemplo, cuando el actor vende la propiedad de la que reclamaba la reparación de unos daños. La ley de enjuiciamiento civil regula la sucesión procesal para este supuesto en su artículo 17, en el que prevé que el adquiriente solicite que se le tenga como parte en la posición que ocupaba el transmitente, para lo que el letrado de la administración de justicia acordará la suspensión del proceso y otorgará un plazo de diez días a la contraparte para que alegue lo que a su derecho convenga. La ley de enjuiciamiento civil ha establecido expresamente que no se accederá a la sucesión cuando de contrario se acredite que el objeto del juicio solamente puede hacerse valer contra el transmitente[47].

10,8 los de guarda, custodia, o alimentos de hijos menores no matrimoniales no consensuados, 14,6 la liquidación régimen económico matrimonial o 16 los ordinarios, vid. https://www.poderjudicial.es/cgpj/es/Temas/Transparencia/ch.Estimacion-de-los-tiempos-medios-de-duracion-de-los-procedimientos-judiciales.formato1/?idOrg=20&anio=2022&territorio=Espa%C3%B1a&proc=Asuntos%20civiles (última consulta: 9 de diciembre de 2023).

47. El tenor literal del artículo 17 de la ley de enjuiciamiento civil es el siguiente: «1. Cuando se haya transmitido, pendiente un juicio, lo que sea objeto del mismo, el adquirente podrá solicitar, acreditando la transmisión, que se le tenga como parte en la posición que ocupaba el transmitente. El letrado de la administración de justicia dictará diligencia de ordenación por la que acordará la suspensión de las actuaciones y otorgará un plazo de diez días a la otra parte para que alegue lo que a su derecho convenga. Si ésta no se opusiere dentro de dicho plazo, el letrado de la administración de justicia, mediante decreto, alzará la suspensión y dispondrá que el adquiriente ocupe en el juicio la posición que el transmitente tuviese en él. 2. Si dentro del plazo concedido en el apartado anterior la otra parte manifestase su oposición a la entrada en el juicio del adquirente, el tribunal resolverá por medio de auto lo que estime procedente. No se accederá a la pretensión cuando dicha parte acredite que le competen derechos o defensas que, en relación con lo que sea objeto del juicio, solamente puede hacer valer contra la parte transmitente, o un derecho a reconvenir, o que pende una reconvención, o si el cambio de parte pudiera dificultar notoriamente su defensa. Cuando no se acceda a la pretensión del adquirente,

Si la sucesión es por el fallecimiento del demandante[48] y ello es comunicado por sus herederos, el letrado de la administración de justicia acordará la suspensión del proceso hasta que acredite la defunción y el título sucesorio y dará traslado a las demás partes para, en su caso, tener por personado al sucesor en nombre del litigante difunto. Si los herederos no se personan en el plazo de cinco días desde que al tribunal le conste el fallecimiento, las partes podrán identificar a los sucesores y solicitar que se les notifique la existencia del proceso, vía diligencia de ordenación del letrado de la administra de justicia para que se les emplace para que comparezcan en el plazo de diez días, suspendiendo el pro-

---

el transmitente continuará en el juicio, quedando a salvo las relaciones jurídicas privadas que existan entre ambos. 3. La sucesión procesal derivada de la enajenación de bienes y derechos litigiosos en procedimientos de concurso se regirá por lo establecido en la ley concursal. En estos casos, la otra parte podrá oponer eficazmente al adquirente cuantos derechos y excepciones le correspondieran frente al concursado».

48. De acuerdo con el artículo 661 del código civil: «Los herederos suceden al difunto por el hecho solo de su muerte en todos sus derechos y obligaciones». La tramitación de esta sucesión está regulada en el artículo 16 LEC. En relación con la legitimación activa para reclamar la indemnización por causa de muerte, se ha discutido si únicamente pueden iniciar la acción de reparación los herederos de la víctima (beneficiarios *iure hereditario*) o también los perjudicados por la muerte de la víctima, con independencia del hecho de su condición de herederos. A este respecto, véase GÁZQUEZ SERRANO, L., «Valoración del daño por fallecimiento: problemas de legitimación activa y perjudicados por el fallecimiento», *Revista de Responsabilidad Civil y Seguro*, n° 52, 2014, p. 37, quien señala que «el optar por una u otra posición es algo que trasciende de la pura teoría y que tendrá importantes efectos en la práctica, no sólo de legitimación activa, sino incluso desde el punto de vista fiscal. Así, si lo consideramos como un derecho hereditario vendrá sujeto a las posibles reclamaciones por parte de los acreedores de la herencia y al correspondiente impuesto sucesorio. Tal no sucederá si estamos en presencia de una indemnización asignada como derecho propio a los perjudicados y como consecuencia del daño o menoscabo por ellos mismos sufrido».

ceso hasta entonces[49]. Si los sucesores no se personan en ese periodo, no fuesen conocidos o no se localizasen, se tendrá al actor por desistido, lo que significaría una renuncia a la acción, pudiendo decretar el letrado de la administra de justicia la terminación del proceso con el acuerdo de la parte demandada, o resolviendo el juez si hay oposición[50].

La titularidad de un interés legítimo como supuesto legitimador es un concepto jurídico indeterminado que se ha ido concretando por la jurisprudencia, lo que produce un grado elevado de inseguridad jurídica, tal y como se analiza *infra*, en la clasificación en atención al objeto de la legitimación.

4.   LEGITIMACIÓN PASIVA

La legitimación pasiva, como la activa, está íntimamente relacionada con el objeto del pleito, para la que se requiere, en la mayoría de las ocasiones, un examen judicial del fondo para su determinación[51]. La jurisprudencia la ha definido como «una posición o condición objetiva en conexión con la relación material objeto del pleito que determina una aptitud o idoneidad para ser parte procesal pasiva, en cuanto supone una coherencia o armonía entre la cualidad atribuida —titularidad jurídica afirmada— y las consecuencias jurídicas pretendidas»[52]. Sin embargo, en este caso, como se ha visto,

---

49. De acuerdo con lo previsto en el artículo 16 LEC.
50. Vid. Artículo 16.3 LEC.
51. En un sentido similar, ÁLVAREZ ALARCÓN, A., «Las partes del proceso civil», en ÁLVAREZ ALARCÓN, A., PÉREZ-CRUZ MARTÍN, A.J., *Op. Cit.*, p. 94 define la legitimación pasiva como «la especial cualidad que concurre en una persona en relación con cierto objeto litigioso de manera que su presencia como demandado en el proceso sobre dicho objeto es necesaria para que el juez pueda llegar a resolver sobre el mismo».
52. Así, las SSTS 623/2010, de 13 de octubre; 305/2011, de 27 de junio; 816/2013, de 9 de enero (rec. 1581/2011); 303/2020, de 15 de junio; 314/2020,

la vinculación del demandado con la relación jurídica a la que se refiere la pretensión viene alegada de contrario, por el actor en su demanda[53]. Así, el apartado segundo del artículo 5 de la ley de enjuiciamiento civil dispone que «las pretensiones (...) se formularán ante el tribunal que sea competente y frente a los sujetos a quienes haya de afectar la decisión pretendida» En todo caso, téngase en cuenta que, aunque del tenor literal de la de la ley de enjuiciamiento civil «podría inferirse que la legitimación la da el hecho de que actor y demandado, inicio del proceso, afirmen estar legitimados» sólo es así si lo están «efectivamente conforme a derecho»[54].

En todo caso, el demandado podrá alegar en su contestación no ostentar tal legitimación, pero el momento de su examen en muchas ocasiones se pospone al de la valoración de la cuestión material, por lo que se le obliga a ser parte en un proceso del que, quizás, nada tiene que ver. Este problema podría solventarse exigiendo, como se verá en el tratamiento procesal de la legitimación, que en los supuestos en los que sea extraordinaria (aquellos casos en los que la legi-

---

de 17 de junio; 315/2022, de 3 de marzo (rec. 4351/2018); 345/2022, de 3 de mayo (rec.4351/2018).

53. En la demanda se determina inicialmente la legitimación pasiva del demandado por el mero hecho constar como tal. Véanse al respecto, entre otros, ORTELLS RAMOS, M., JUAN SÁNCHEZ, R., «La legitimación» en *Derecho procesal Civil, Op. Cit.*, p. 136; LÓPEZ YAGÜES, V., «La legitimación» en *Derecho procesal civil. Parte general* (Dir. ASENCIO MELLADO; Coord. FUENTES SORIANO), Tirant Lo Blanch, Valencia, 2019, p. 72. Como señala FUENTES SORIANO, «la demanda es, pues el mecanismo que permite interponer la pretensión civil; y, la pretensión, como se sabe, delimita el objeto del proceso y las partes a las que afecta» en «la demanda» en *Derecho procesal civil. Parte general* (Dir. ASENCIO MELLADO; Coord. FUENTES SORIANO), Tirant Lo Blanch, Valencia, 2019, p. 160.

54. GARBERÍ LLOBREGAT, J., *Capacidad, postulación y legitimación de las partes en el proceso civil*, Bosch, Barcelona, 2009, pp. 81-82.

timación viene determinada por ley y no por la titularidad del derecho alegado) se acredite inicialmente la conexión de las partes con el objeto del proceso.

Si la legitimación es ordinaria, el órgano jurisdiccional entrará al fondo, dictando una sentencia con efectos de cosa juzgada. De darse el caso de que la resolución determine que el demandado ostenta legitimación pasiva, resolverá sobre el derecho o interés jurídico por el que se reclama[55].

Si el tribunal entiende, por el contrario, que el demandando no ostenta legitimación pasiva, dictará una sentencia con efecto material de cosa juzgada que afectará, como afirma el artículo 222.3 de la ley de enjuiciamiento civil «a las partes del proceso en el que se dicte», permitiendo al actor iniciar otro procedimiento frente al verdadero legitimado si la acción no ha caducado.

Como en la legitimación activa, la pasiva también se reconoce en los casos de legitimación ordinaria para quien forme parte de la relación jurídica discutida (por haber realizado la conducta lesiva de un derecho o ser titular de un derecho, relación jurídica, estado o negocio jurídicos y en los de legitimación extraordinaria, para los que vienen obligados por ley a responder en un proceso judicial.

Respecto de la ordinaria, como se ha visto, téngase presente que las obligaciones no se extinguen con la muerte del titular del derecho, por lo que los herederos del demandando fallecido están también legitimados pasivamente en el proceso iniciado frente al difunto[56]. La incomparecencia del

---

55. Por su parte, JUAN SÁNCHEZ, R., «El interés jurídico como criterio de legitimación...» *Op. Cit.*, p. 215 sostiene que legitimado pasivamente es aquel respecto el cual se afirma que «la sentencia debe hacer cosa juzgada, para que el efecto esperado de la declaración de certeza se produzca», si bien reconoce que esta afirmación está sujeta a numerosas matizaciones.

56. Así, el artículo 659 del código civil señala que la herencia de una persona comprende todos los bienes, derechos y obligaciones que no se

sucesor —voluntaria, por desconocimiento de su identidad por parte del actor o por falta de localización— determinará que el proceso siga, en rebeldía de la parte demandada[57]. Y, para el caso de que la demandada fuese una sociedad que se transforme a un tipo social distinto, el artículo 17 del Real Decreto-ley 5/2023, de 28 de junio, por el que se adoptan y prorrogan determinadas medidas de respuesta a las consecuencias económicas y sociales de la Guerra de Ucrania, de apoyo a la reconstrucción de la isla de La Palma y a otras situaciones de vulnerabilidad; de transposición de Directivas de la Unión Europea en materia de modificaciones estructurales de sociedades mercantiles y conciliación de la vida familiar y la vida profesional de los progenitores y los cuidadores; y de ejecución y cumplimiento del Derecho de la Unión Europea contempla que conserva su personalidad jurídica[58], por lo que su transformación durante la tramitación de un proceso judicial produce la sucesión procesal. Cuestión distinta es que dicha modificación ocurra entre la demanda y la contestación a la demanda y la sociedad adopte una forma societaria en la que no esté limitada la responsabilidad. En tal caso, es posible la ampliación de la demanda a los socios, de acuerdo con el artículo 401.2 de la Ley de Enjuiciamiento Civil, que responderán con su patrimonio personal de las deudas anteriores y posteriores a la transformación[59].

---

extingan por su muerte. En este sentido, puede verse la STS 230/2014, de 7 de mayo, que confirma la condena solidaria de 80.000 euros a la viuda y herederos por responsabilidad civil profesional de un médico.

57. De acuerdo con el artículo 18.3 de la ley de enjuiciamiento civil Véase también LÓPEZ YAGÜES, V., «La legitimación» en *Derecho procesal civil. Parte general*, Tirant Lo Blanch, Valencia, 2019, p. 81.

58. Norma que, con una técnica legislativa mejorable, deroga la Ley 3/2009, de 3 de abril, sobre modificaciones estructurales de las sociedades mercantiles.

59. Supuesto analizado por Héctor Taillefer de Haya en https://noticias. juridicas.com/conocimiento/articulos-doctrinales/17635-la-legitimacion-en-

Adviértase que la legitimación activa se configura como una facultad potestativa de iniciar actuaciones procesales frente a terceros, pero la legitimación extraordinaria pasiva se manifiesta como una carga de asumir la posición de parte en el proceso para responder de la relación jurídica de un tercero. La de la ley de enjuiciamiento civil recoge supuestos de legitimación extraordinaria pasiva respecto de algunas materias, como en el embargo de bienes de terceros y de la tercería de dominio (en el que se legitima pasivamente al ejecutado[60]) o en los procesos sobre filiación, paternidad y maternidad (en los que se legitima pasivamente a las personas a las que se les atribuya la condición de progenitores y de hijo —cuando se pida la determinación de la filiación— y a quienes aparezcan como progenitores y como hijo en virtud de la filiación legalmente determinada, cuando se impugne ésta; o sus herederos si cualquiera de ellos hubiere fallecido[61]). Otras normas sustantivas reconocen también legitimación pasiva a determinados sujetos para acciones concretas, como, a modo de ejemplo, el artículo 17 de la Ley 7/1998, de 13 de abril, sobre condiciones generales de la contratación[62]; el 34 de la Ley 3/1991, de 10 de enero, de

---

los-procesos-judiciales-de-las-sociedades-transformadas/ (última consulta el 26 de diciembre de 2023).

60. Véanse los artículos 600 y 617 de la ley de enjuiciamiento civil.

61. Véase el artículo 766 de la ley de enjuiciamiento civil.

62. Que dispone que «1. La acción de cesación procederá contra cualquier profesional que utilice condiciones generales que se reputen nulas. 2. La acción de retractación procederá contra cualquier profesional que recomiende públicamente la utilización de determinadas condiciones generales que se consideren nulas o manifieste de la misma manera su voluntad de utilizarlas en el tráfico, siempre que en alguna ocasión hayan sido efectivamente utilizadas por algún predisponente. 3. La acción declarativa procederá contra cualquier profesional que utilice las condiciones generales. 4. Las acciones mencionadas en los apartados anteriores podrán dirigirse conjuntamente contra varios profesionales del mismo sector económico o

Competencia Desleal[63] o el artículo 76 de la Ley 50/1980, de 8 de octubre, de Contrato de Seguro[64].

---

contra sus asociaciones que utilicen o recomienden la utilización de condiciones generales idénticas que se consideren nulas» Sobre el mismo, léase GASCÓN INCHAUSTI, F., «Artículo 17», en VVAA, *Comentarios a la Ley sobre condiciones generales de la contratación* (Dirs. MENÉNDEZ MENÉNDEZ, DÍEZ-PICAZO Y PONCE DE LEÓN; Coord. ALFARO ÁGUILA-REAL), Civitas, Madrid, 2002.

63. Cuyo tener literal es el siguiente: «1. Las acciones previstas en el artículo 32 podrán ejercitarse contra cualquier persona que haya realizado u ordenado la conducta desleal o haya cooperado a su realización. No obstante, la acción de enriquecimiento injusto sólo podrá dirigirse contra el beneficiario del enriquecimiento. 2. Si la conducta desleal se hubiera realizado por trabajadores u otros colaboradores en el ejercicio de sus funciones y deberes contractuales, las acciones previstas en el artículo 32.1, 1.ª a 4.ª, deberán dirigirse contra el principal. Respecto a las acciones de resarcimiento de daños y de enriquecimiento injusto se estará a lo dispuesto por el derecho civil».

64. Este precepto sostiene lo siguiente: «el perjudicado o sus herederos tendrán acción directa contra el asegurador para exigirle el cumplimiento de la obligación de indemnizar, sin perjuicio del derecho del asegurador a repetir contra el asegurado, en el caso de que sea debido a conducta dolosa de éste, el daño o perjuicio causado a tercero. La acción directa es inmune a las excepciones que puedan corresponder al asegurador contra el asegurado. El asegurador puede, no obstante, oponer la culpa exclusiva del perjudicado y las excepciones personales que tenga contra éste. A los efectos del ejercicio de la acción directa, el asegurado estará obligado a manifestar al tercero perjudicado o a sus herederos la existencia del contrato de seguro y su contenido» Esto es, en realidad, una «garantía legal en favor de las víctimas, que asume quien debe hacer frente el coste de los daños» tal y como defiende PANISELLO MARTÍNEZ, J., «Algunos problemas en torno a la asunción del coste de los daños por los actos propios de otros, en el ámbito de la responsabilidad civil», *Revista CEFLegal*, 263, 2022, p. 30.

5. CLASES DE LEGITIMACIÓN EN ATENCIÓN AL OBJETO

Sin duda, la categorización más compleja de la legitimación es aquella que se realiza en función de su objeto entre quien es titular de un derecho o interés legítimo (la considerada como «ordinaria») y quien, siendo persona distinta del titular, «por ley se (le) atribuya legitimación» la que se conoce como «extraordinaria».

La aludida complejidad reside, en primer lugar, en el hecho de que el «interés legítimo» al que se hace referencia se ha ido concretando por la jurisprudencia o la legislación, lo que es causa de una importante inseguridad jurídica.

En segundo lugar, esta clasificación objetiva se ha complicado en la medida en la que han proliferado numerosos supuestos específicos en leyes materiales, dificultando su sistematización. Sin embargo, debe señalarse que, como advierte la doctrina, no puede hablarse de la existencia de una «acción popular civil» en tanto que no se prevé una legitimación general para litigar en nombre de terceros[65].

---

65. Al respecto puede leerse a GASCÓN INCHAUSTI, F., «Artículo 16» en VVAA, *Comentarios a la Ley sobre condiciones generales de la contratación* (Dirs. MENÉNDEZ MENÉNDEZ, DÍEZ-PICAZO Y PONCE DE LEÓN; Coord. ALFARO ÁGUILA-REAL), Civitas, Madrid, 2002 o a VÁZQUEZ, I., «La importancia del principio *pro actione* para el acceso a la justicia» *Revista Derecho Y Salud*, Universidad Blas Pascal, 5(6), 2021, pp. 155-165. Sobre la posibilidad de que haya una acción popular civil, MONTERO AROCA, J., *La legitimación en el proceso civil (Intento que aclarar...), Op. Cit.*, p. 73 destaca que, aunque el artículo 125 CE «pudiera parecer que hace una referencia genérica a la acción popular, ésta sólo podrá concederse por el legislador ordinario con relación a casos en que esté en juego un interés público, y de ahí su incidencia en los procesos penal y administrativo»

Existen, además, otros dos elementos que entorpecen la clarificación de la legitimación extraordinaria[66]: por un lado, el hecho de que su reconocimiento se efectúa para acciones concretas (sin que se apruebe para un sujeto frente a cualquier reclamación)[67] y, por otro, los efectos colaterales del propio desarrollo legislativo de los «derechos de gestión colectiva» para la tutela de intereses colectivos y difusos, que adolece de una correcta técnica legislativa[68].

---

66. Vid. MONTERO AROCA, J., *El Derecho Procesal en el Siglo XX. Tres ensayos: Uno general y dos especiales*, Fondo editorial de la Academia de la Magistratura, Lima, 2016, p. 40, quien afirma que «stamos asistiendo a una evolución que está desbordando los cauces originales (dado que) las normas procesales que atribuyen esta legitimación extraordinaria van arrastradas, no tanto por las nomas materiales, las que reconocen derechos subjetivos, cuanto por el nuevo marco socio-económico, con lo que se están produciendo ampliaciones de la legitimación que ya están muy lejos de la vieja sustitución procesal».

67. Así, como destaca JUAN SÁNCHEZ, R., «"Nadie litiga por otro" o la inexistencia de la legitimación extraordinaria: una clasificación de las situaciones legitimantes desde una perspectiva comparada franco-española», *Revista General de Derecho Procesal*, N°. 13, 2013, p. 13 «el factor determinante en la atribución de la legitimación es la posición jurídica del titular de la acción respecto de los efectos de la sentencia y para ello es preciso tener presente, además de la clase y naturaleza del derecho sustantivo, la clase de tutela solicitada, pues la legitimación puede variar respecto de una misma relación jurídico-material en atención a los efectos procesales que se persigan»

68. COROMINAS BACH, S., *Procesos colectivos y legitimación. Un necesario salto hacia el futuro*, Marcial Pons, Madrid, 2018, p. 35 define la regulación en materia de acciones colectivas y de legitimación en los procesos colectivos de «poco eficiente» y caracterizada «por una deficiente técnica legislativa».

6. LEGITIMACIÓN ORDINARIA. ESPECIAL ATENCIÓN AL «INTERÉS LEGÍTIMO»

La legitimación ordinaria (también conocida como abierta[69], causal o material[70]) es la vinculación con el objeto procesal en liza de quien pretende la tutela judicial (en el caso de la activa) o de frente a quien se solicita (el legitimado pasivamente)[71]. Esto es, «simplemente la correlación entre la titularidad formalmente afirmada y los sujetos del proceso»[72].

A este tipo de legitimación hace referencia el primer apartado del artículo 10 de la ley de enjuiciamiento civil, que contempla que «serán considerados partes legítimas quienes comparezcan y actúen en juicio como titulares de la relación jurídica u objeto litigioso».

Cuando esta relación jurídica deducida en juicio sea la titularidad del Derecho subjetivo[73], esta legitimación ordinaria es considerada como propia[74] y puede darse de origen o

---

69. JUAN SÁNCHEZ, R., «"Nadie litiga por otro" o la inexistencia de la legitimación extraordinaria...», *Op. Cit.*

70. ZARZALEJOS NIETO, J., «El enjuiciamiento preliminar de la...», *Op. Cit.*, p. 6.

71. ORTELLS RAMOS, M., JUAN SÁNCHEZ, R., «La legitimación» en *Derecho procesal Civil, Op. Cit.*, p. 120.

72. ÁLVAREZ ALARCÓN, A., «Las partes del proceso civil», en ÁLVAREZ ALARCÓN, A., PÉREZ-CRUZ MARTÍN, A.J., *Op. Cit.*, p. 96.

73. Es posible que el sujeto sea titular de una relación o situación jurídica y no de un derecho, como en los procedimientos matrimoniales.

74. ZARZALEJOS NIETO, J., «El enjuiciamiento preliminar de la...» *Op. Cit.*, p. 6. En estos casos, el autor refiere que «el actor se presenta como titular de un derecho subjetivo y presenta al demandado como titular de una obligación incumplida que el demandante quiere transformar en responsabilidad ejecutiva mediante una sentencia de condena (aunque también puede pretender una sentencia mero declarativa o constitutiva, sin eficacia ejecutiva en sentido propio)».

por trasmisión *Inter vivos* o *mortis causa*[75], tal y como se ha expuesto en la clasificación subjetiva.

Así, a modo de ejemplo, tiene legitimación propia la parte en un contrato de compraventa que advierta vicios ocultos en el objeto adquirido, el titular de un derecho de propiedad de una cosa para reclamar los daños que haya sufrido, un consumidor perjudicado[76] o una asociación de consumidores y usuarios que, como persona jurídica, litiga en defensa de sus propios derechos subjetivos[77].

Pero también es posible que la legitimación ordinaria derive de un «interés jurídico legítimo», categoría conocida como impropia[78]. Estos supuestos son especialmente discutidos, por constituir el «interés jurídico» un concepto jurídico indeterminado que se concreta por el tribunal en cada asunto particular del que conozca.

---

75. GONZÁLEZ GARCÍA, J.M., «Las partes principales», en *Nociones..., Op. Cit.*, p. 41, quien destaca que ello nos permite distinguir la legitimación de la representación, «pues el representante litiga siempre en nombre e interés del representado, que es la única parte procesal».

76. Aunque «la presencia en un proceso de este tipo del perjudicado a título individual no será común si se piensa en la complejidad que rodea a estos procesos» tal y como pone de manifiesto OCHOA MONZÓ, V., «Legitimación, publicidad e intervención en...» *Op. Cit.*

77. Vid. GIMENO SENDRA, V., MIRA ROS, C., «La legitimación de las asociaciones de consumidores para la impugnación de las condiciones generales de la contratación», *Diario La Ley*, n° 6263, 30 de mayo de 2015; ARMENTA DEU, T., «La legitimación en las acciones colectivas», *en VVAA, La tutela de los..., Op. Cit.*, pp. 103-148.

78. ZARZALEJOS NIETO, J., «El enjuiciamiento preliminar de la...» *Op. Cit.*, p. 6. GIMENO SENDRA, V., *Derecho procesal civil. I..., Op. Cit.*, p. 162. Al respecto, BARBERO GONZÁLEZ, M.V., «Los derechos e intereses supraindividuales...» *Op. Cit.* define los conceptos de «derecho subjetivo» e «interés jurídico» para señalar que, aunque aluden a realidades conceptuales distintas, gozan de la misma protección en nuestro ordenamiento jurídico, motivo por el cual se equiparan y confunden ambas figuras.

Entre las normas que hacen referencia a tal interés, cabe citar, a modo de ejemplo, el artículo 74 del Código Civil, que contempla expresamente legitimación activa para solicitar la nulidad del matrimonio «a cualquier persona que tenga interés directo y legítimo en ella» (además de a los cónyuges y al Ministerio Fiscal). Igualmente, el artículo 131 del código civil reconoce legitimación para la acción declarativa de filiación a «cualquier persona con interés legítimo»[79]. Otro ejemplo puede encontrarse en el artículo 206 de la Ley de Sociedades de Capital, que prevé la legitimación de «terceros que acrediten un interés legítimo» para la impugnación de los acuerdos sociales[80].

Precisamente en este contexto, algunos autores señalan, incluso, que el interés legítimo de las asociaciones de consumidores y usuarios que tienen legitimación reconocida legalmente permitiría ubicarlas como un supuesto de legitimación ordinaria y no extraordinaria[81].

Hay también materias en las que dicho interés no está previsto en la norma como supuesto legitimador de manera expresa, pero la jurisprudencia lo ha apreciado, exigiendo siempre que sea directo y actual[82]. Resulta especialmente ilustrativa a este respecto la STC 214/1991, de 11 de noviembre (de la que fue ponente GIMENO SENDRA) en la que el intérprete constitucional reconoce la legitimación activa de la

---

79. Véase también el artículo 764 LEC.
80. A modo de ejemplo, como refiere JUAN SÁNCHEZ, R., «El interés jurídico como criterio de legitimación...» *Op. Cit.*, p. 232 el tercero acreedor de una sociedad que acuerda su disolución y liquidación y en cuyo pasivo no se incluye el crédito de aquél.
81. A este debate doctrinal se refiere ARNAIZ SERRANO, A., *Las partes civiles en el proceso penal,* Tirant lo Blanch, Valencia, 2006, p. 207.
82. Ello ocurre, según señala JUAN SÁNCHEZ, R., «El interés jurídico como criterio de legitimación...», *Op. Cit.*, pp. 231 y 238, en el caso de la acción de nulidad de los contratos basada en los arts. 1301 y 1302 del código civil y en la STS de 24 de mayo de 2002, que niega la legitimación a los concejales.

recurrente para solicitar la protección del honor en nombre de todo el pueblo judío[83]. Y, a este respecto, debe hacerse mención también a la reciente STS, Sala Tercera, 1611/2023, de 30 de noviembre que hace una recopilación de los supuestos en los que la jurisprudencia no ha reconocido legitimación activa a asociaciones o fundaciones y en los que sí[84],

---

83. Realiza un estudio de esta resolución ARRABAL PLATERO, P., «La prueba de la intromisión ilegítima en el Derecho fundamental al honor. Especial referencia a la STC 214/1991, de 11 de noviembre» en *Derecho probatorio y otros estudios procesales. Liber Amicorum Vicente Gimeno Sendra*, Ediciones Jurídicas Castillo de Luna, 2020, pp. 141-160.

84. El TS refiere los siguientes asuntos en los que no se les reconoció: a la Fundación Francisco Franco para impugnar cambios de nombres de calles en STS 477/2023, de 13, de abril; al Club Liberal Español para recurrir el acuerdo del Consejo de Seguridad Nacional de 6 de octubre de 2020 en la STS 1240/2021, de 18 de octubre; a ACCESS INFO EUROPE y a ANDALUCÍA ACOGE para recurrir el acuerdo del Consejo de Ministros de 19 de julio de 2019, en la STS 1817/2020, de 23 de diciembre; a la Asociación de Víctimas de la Ley de Violencia de Género para recurrir el acuerdo del Consejo de Ministros que acordó conmutar una pena de cuatro meses de prisión por la de 30 días de trabajo en beneficio de la comunidad con determinadas condiciones en la STS 851/2017, de 16 de mayo; a la asociación Convivencia Cívica Catalana para recurrir el Decreto 128/2010, de 14 de septiembre, sobre la acreditación del conocimiento lingüístico del profesorado de las Universidades del sistema universitario de Cataluña en la sentencia de 13 de junio de 2014; a la asociación Plataforma Cívica por la Independencia Judicial para recurrir el acuerdo del Consejo General del Poder Judicial por el que se aprobó el Reglamento 2/2011 de la Carrera Judicial a la impugnación de su artículo 326.1 en la STS de 9 de julio de 2013; a la Fundación Observatorio de Derechos Lingüísticos para impugnar el Real Decreto 102/2004, de 19 de enero, de nombramiento del Presidente del Tribunal Superior de Justicia del País Vasco en la sentencia de 31 de mayo de 2006; a la asociación *Xustiza e Sociedade de Galicia* para recurrir el Real Decreto 232/2002, de 1 de marzo, por el que se regula el registro de sentencias sobre responsabilidad penal de los menores en la STS de 10 de junio de 2004; a la asociación Sociedad Civil de Granada. Juntos por Granada para recurrir el Real Decreto 209/2022, de 22 de marzo, por el que se establece el procedimiento para la determinación de las sedes físicas de

las entidades pertenecientes al sector público institucional estatal por el Auto del TS de 27 de junio de 2023; a la Asociación Mediterránea Anticorrupción y por la Transparencia para recurrir el Real Decreto 198/2021, de 23 de marzo, por el que se nombró al Presidente de la Audiencia Provincial de Almería en el ATS de 16 de diciembre de 2021; a la Asociación de Abogados Cristianos para recurrir la actuación del Ministerio de Igualdad consistente en colocar una bandera no oficial en el edificio donde tiene su sede por el ATS de 16 de septiembre de 2020; a la asociación *Atenes. Juristes pels Drets Civils* para recurrir el acuerdo de la Comisión de Selección prevista en el artículo 305 de la Ley Orgánica del Poder Judicial en el ATS de 28 de mayo de 2019; a la asociación Preeminencia del Derecho para recurrir un acuerdo del Consejo de Ministros que propuso una terna de candidatos a Juez del Tribunal Europeo de Derechos Humanos por el ATS de 24 de mayo de 2007; Asociación de Abogados Demócratas por Europa para recurrir un Real Decreto que concedió la Gran Cruz de la Orden de Reconocimiento Civil a las Víctimas del Terrorismo a don Melitón Manzanas González en la STS de 27 de noviembre de 2002. Y señala los siguientes supuestos a los que sí se les reconoció legitimación activa: a la Fundación Toro de Lidia para impugnar el Real Decreto 210/2022, 22 de marzo, por el que se establecen las normas reguladoras del Bono Cultural Joven en la STS 120/2023, de 2 de febrero; a Caritas Española contra el acuerdo del Consejo de Gobierno de la Ciudad Autónoma de Melilla que aprobó las «Instrucciones para la gestión del padrón municipal de habitantes de Melilla» en la STS 473/2022, de 25 de abril; a la Fundación Avata de Ayuda al Accidentado para impugnar la Orden SND/413/2020, de 15 de mayo en la STS 1244/2021, de 19 de octubre; a la Asociación Pro Derechos Humanos de Andalucía, la Federación de Asociaciones de S.O.S. Racismo del Estado Español y la Federación Andalucía Acoge contra el Real Decreto 162/2014, por el que se aprueba el Reglamento de funcionamiento y régimen de los centros de internamiento de extranjeros en la STS de 10 de febrero de 2015; a la Asociación Catalana de Profesionales de Extranjería para impugnar el Real Decreto 557/2021, de 20 de abril, que aprueba el Reglamento de la Ley Orgánica 4/2000, sobre derechos y libertades de los extranjeros en España y su integración social tras su reforma por la Ley Orgánica 2/2009 en la STS de 11 de junio de 2013; a la Federación de Asociaciones Pro Inmigrantes Andalucía Acoge, la Asociación pro Derechos Humanos de Andalucía y la Federación de Asociaciones S.O.S. Racismo en la sentencia de 12 de marzo de 2013; a la Federación Andalucía Acoge para impugnar la resolución de convocatoria de becas para los alumnos que vayan a iniciar estudios

para, finalmente, ampliar notablemente la interpretación del «interés legítimo» en el caso concreto[85]. Esta controvertida sentencia, que puede llegar a tener reflejo en el orden civil, reconoce —con cierta laxitud— legitimación activa a una fundación privada que tenía atribuida estatutariamente la defensa legal de sus fines por constatar en la misma una «actuación constante, mantenida regularmente en el curso de los años, de promoción y participación en iniciativas rigurosas de estudio y reflexión de los principios e instituciones que distinguen al Estado de Derecho con el fin de promover

---

universitarios en la sentencia de 8 de noviembre de 2011; a Convivencia Cívica Catalana para recurrir el Reglamento para el uso de la lengua catalana en la Diputación de Girona por la sentencia de 5 de mayo de 2015; a la Federación Estatal Coordinadora Estatal de Asociaciones Solidarias con el Sáhara, la Asociación Observatorio Aragonés para el Sahara Occidental, y la Asociación «UM DRAIGA" »Amigos del Pueblo Saharaui en Aragón contra el Real Decreto 249/2011, de 18 de febrero en la STS de 19 de marzo de 2013; a la Coordinadora de Barrios para el seguimiento de Menores y Jóvenes y la Asociación pro Derechos Humanos de Andalucía en la STS de 10 de noviembre de 2006 para impugnar el Reglamento de desarrollo de la Ley Penal del Menor; y a *Associació Catalana per a la defensa dels Drets Humans* para impugnar la concesión de una distinción a quien fue partícipe en violaciones de derechos humanos por la STC 282/2006.

85. En el momento de redacción de estas líneas la sentencia es tan reciente que a la autora no le constan estudios doctrinales sobre la misma, si bien sí se ha discutido la ampliación de la interpretación del «interés legítimo» en algunas publicaciones digitales como, a modo de ejemplo, https://www. derechoadministrativoyurbanismo.es/post/la-legitimaci%C3%B3n-activa-de-las-fundaciones-en-el-proceso-contencioso-administrativo-sts-30-11-2023 o https://franciscovelascocaballeroblog.wordpress.com/2023/12/01/el-tribunal-supremo-anula-el-nombramiento-de-la-presidenta-del-consejo-de-estado-i/ (última visita: 12 de diciembre de 2023). Tras la resolución, el Abogado del Estado ha presenta un incidente de nulidad contra la decisión del Alto Tribunal, tal y como puede leerse en https://cadenaser.com/nacional/2023/12/15/el-gobierno-recurre-la-anulacion-del-nombramiento-de-magdalena-valerio-porque-el-supremo-hizo-una-interpretacion-amplia-de-la-ley-cadena-ser/.

los primeros y de fortalecer y mejorar las segundas» Esto es, el Tribunal Supremo señala que el hecho de que la Fundación demandante tenga como fin en sus estatutos «la protección del Estado de Derecho», unido a que haya desarrollado una dilatada trayectoria para su cumplimiento justifica un «interés legítimo» que le dota de legitimación activa.

Para terminar, cabe traer a debate la propuesta de JUAN SÁNCHEZ de que el «interés jurídico», pese a ser un concepto general del Derecho que no es propio ni del Derecho procesal, ni del instituto de la legitimación, sea la referencia para reconocer la legitimación en el proceso civil, frente a las dificultades que plantea el criterio de los «derechos subjetivos»[86]. Ello, no obstante, como reconoce el citado autor, es más útil que una norma determine la legitimación a los titulares del interés legítimo[87], identificando y concretando ese interés en supuestos de legitimación extraordinaria. En este sentido, pudiendo compartir la opinión del autor, el problema de esta esta posición es que puede llevarnos a que su reconocimiento expreso convierta al interés legítimo en un supuesto más de legitimación extraordinaria.

---

86. En su trabajo «El interés jurídico como criterio de legitimación en el proceso civil» *Teoría y derecho: revista de pensamiento jurídico*, N°. 10, 2011, pp. 215-250, dónde afirma que « el interés jurídico es el auténtico, y único, elemento a tener en cuenta para analizar la legitimación en cada proceso» dado que la titularidad del derecho obliga a un examen del fondo de la cuestión.

87. JUAN SÁNCHEZ, R., «El interés jurídico como criterio de legitimación...» *Op. Cit.*, p. 215, p. 232.

7. LEGITIMACIÓN EXTRAORDINARIA

La legitimación extraordinaria —u *ope legis*[88]— es la que está reconocida legalmente para determinados sujetos no titulares de la relación jurídica por la que se reclama, normalmente sólo para pretensiones concretas[89]. En estos casos, la pretensión no se ejercita sobre la base de un derecho propio[90], sino que el legislador legitima a terceros para defender en el proceso un derecho o interés material de otro[91]. El fundamento de esta atribución de la legitimación a sujetos distintos de los titulares de la relación jurídica reside en la protección de determinadas situaciones jurídicas sociales o políticas[92] (como la tutela de intereses grupales, por ejemplo[93]) o meras motivaciones de utilidad o conveniencia[94].

La habilitación general de estos supuestos está en el párrafo segundo del artículo 10 de la ley de enjuiciamiento civil, que reconoce como parte procesal legítima «los casos en que por ley se atribuya legitimación a persona distinta del titular». Pero la atribución individual de cada uno de los su-

---

88. Así denomina a este tipo de legitimación GARBERÍ LLOBREGAT, J., *Capacidad, postulación…, Op. Cit.,* p. 73.
89. ÁLVAREZ ALARCÓN, A., «Las partes del proceso civil» en ÁLVAREZ ALARCÓN, A., PÉREZ-CRUZ MARTÍN, A.J., *Op. Cit.,* p. 97.
90. MARTÍNEZ GARCÍA, E., «Las partes: legitimación» en *Proceso civil. Derecho Procesal II* (Coords. GÓMEZ COLOMER, BARONA VILAR), Tirant Lo Blanch, Valencia, 2023, p. 107.
91. GASCÓN INCHAUSTI, F., «Artículo 16», en VVAA, *Op. Cit.* En estos casos, como señalan BANACLOCHE PALAO, J., CUBILLO LÓPEZ, I.J., *Aspectos fundamentales…, Op. Cit.,* p. 227, «la Ley rompe esa relación legitimación-titularidad y permite litigar a ciertos sujetos con una acción propia pero por un derecho ajeno».
92. JUAN SÁNCHEZ, R., «El interés jurídico como criterio de legitimación…», *Op. Cit.,* p. 241; ÁLVAREZ ALARCÓN, A., «Las partes del proceso civil», en ÁLVAREZ ALARCÓN, A., PÉREZ-CRUZ MARTÍN, A.J., *Op. Cit.,* p. 97.
93. COROMINAS BACH, S., *Procesos colectivos y legitimación…, Op. Cit.*
94. NAVARRO HERNÁN, M., *Partes, legitimación…, Op. Cit.,* p. 110.

puestos se ha realizado en normas especiales, mayoritariamente materiales[95], aunque, por su contenido, deben entenderse de naturaleza procesal[96].

Aunque la sistematización de este tipo de legitimación no
es pacífica en la doctrina[97] (ya que podría decirse que hay

---

95. Como señala DAMIÁN MORENO, J., «Tener o no tener legitimación. De
eso se trata», *Op. Cit.* (última visita: 27 de noviembre de 2023), la norma
que determina entre qué partes debería discurrir un proceso y quienes
deberían conducirlo es normalmente la que regula la relación material
controvertida, que no suele ser la procesal, aunque «a veces el legislador
prefiere hacer un reconocimiento explícito de esta cuestión al regular un
procedimiento determinado y evitar así que provoque problemas
interpretativos sobre su alcance y contenido».

96. Como sostiene MONTERO AROCA, todas aquellas normas que prevén
supuestos de legitimación tienen naturaleza procesal, aunque se encuentren
en textos sustantivos, en *La legitimación en el proceso civil (Intento de
aclarar un concepto que resulta más confuso cuanto más se escribe sobre
él)*, Civitas, Madrid, 1994, pp. 87 y ss. En el mismo sentido se pronuncia
ASENCIO MELLADO cuando sostiene que son normas de naturaleza procesal
«aquellas que lo sean por su contenido» en ASENCIO MELLADO, J.M.,
Introducción al derecho procesal, Tirant Lo Blanch, Valencia, 2015, p. 11.

97. La doctrina no es unánime a este respecto. A modo de ejemplo, GIMENO
SENDRA, V., *Derecho procesal civil. I...*, *Op. Cit.* distingue entre legitimación
por sustitución procesal y legitimación representativa; ZARZALEJOS NIETO,
J., «El enjuiciamiento preliminar de la...» *Op. Cit.*, p. 7 diferencia entre
legitimación extraordinaria por representación y legitimación extraordinaria
por sustitución; LÓPEZ YAGÜES, V., «La legitimación» en *Derecho procesal
civil. Parte general* (Dir. ASENCIO MELLADO, Coord. FUENTES SORIANO),
Tirant Lo Blanch, Valencia, 2019 desdobla la legitimación extraordinaria
en las categorías de sustitución procesal y «supuestos especiales»; ÁLVAREZ
ALARCÓN, A., «Las partes del proceso civil» en ÁLVAREZ ALARCÓN, A.,
PÉREZ-CRUZ MARTÍN, A.J., *Op. Cit.* refiere únicamente la legitimación por
sustitución; ARMENTA DEU, T., *Lecciones de Derecho Procesal Civil*, segunda
edición, Marcial Pons, Madrid, 2004, pp. 99 y ss. distingue entre la
legitimación directa y la indirecta, aunque plantea la legitimación en
representación y para defender intereses colectivos como un nuevo tipo
de legitimación; MARTÍNEZ GARCÍA, E., «Las partes: legitimación» *Op. Cit.*
la clasifica en legitimación extraordinaria por interés privado; legitimación

tantas, como autores), este trabajo diferencia entre la legitimación extraordinaria para la defensa de un interés particular, de un interés plural (distinguiendo, a su vez, los intereses colectivos de los difusos) o de un interés público o general. Esta sistematización responde al tipo de interés (particular o colectivo) que el legislador ha querido proteger en cada uno de los supuestos legitimados extraordinariamente.

8. LEGITIMACIÓN EXTRAORDINARIA PARA LA DEFENSA DE UN INTERÉS PARTICULAR (SUSTITUCIÓN PROCESAL)

Los casos en los que la ley reconoce la legitimación extraordinaria a personas físicas para accionar por derechos o intereses legítimos de los que es titular un tercero y a entidades que actúan en defensa de los intereses de sus asociados, representados o colegiados son los que se conocen como supuestos de sustitución procesal[98].

Al sustituto le corresponde acreditar la existencia de la norma que le faculta para actuar en ese supuesto y la relación de fondo que constituye la pretensión ejercitada[99].

---

extraordinaria por interés social y legitimación por interés público general; BANACLOCHE PALAO, J., CUBILLO LÓPEZ, I.J., *Aspectos fundamentales...*, *Op. Cit.* diferencian entre «por sustitución» o «representativa».

98. NAVARRO HERNÁN, M., *Partes, legitimación..., Op. Cit.*, p. 113 define algunos de estos supuestos de legitimación extraordinaria por sustitución (los de los colegios profesionales, las comunidades de propietarios, la del artículo 76 de la Ley 50/1980, de 8 de octubre, de Contrato de Seguro, ...) como «dudosos» por entender que son casos de representación voluntaria, que actúan en nombre e interés ajeno, por un derecho ajeno, a diferencia de los sustitutos, que actúan en nombre e interés propio.

99. Vid. LÓPEZ YAGÜES, V., «La legitimación» en *Derecho procesal civil. Parte general* (Dir. ASENCIO MELLADO, Coord. FUENTES SORIANO), Tirant Lo Blanch, Valencia, 2019, p. 74.

Sin ánimo de exhaustividad, en leyes especiales se reconoce legitimación a los siguientes sujetos: al usufructuario de los créditos que forman parte del usufructo y pertenecen al nudo propietario para reclamarlos si tuviese dada o diere fianza prevista en el artículo 507 del código civil[100]; al acreedor para reclamar un crédito de su deudor frente a un tercero —deudor de su deudor— regulada en el artículo 1.111 del código civil (acción subrogatoria)[101]; al arrendador para reclamar la renta al subarrendatario de acuerdo al artículo1.552 del código civil[102]; a los auxiliares del contratista frente al dueño de la obra de acuerdo con el artículo 1.597 del código civil[103]; al mandante contra el sustituto del mandata-

---

100. El artículo 507 del código civil refiere que «el usufructuario podrá reclamar por sí los créditos vencidos que formen parte del usufructo si tuviese dada o diere la fianza correspondiente. Si estuviese dispensado de prestar fianza o no hubiere podido constituirla, o la constituida no fuese suficiente, necesitará autorización del propietario, o del Juez en su defecto, para cobrar dichos créditos».

101. El tenor literal del artículo 1.111 del código civil es el siguiente «los acreedores, después de haber perseguido los bienes de que esté en posesión el deudor para realizar cuanto se les debe, pueden ejercitar todos los derechos y acciones de éste con el mismo fin, exceptuando los que sean inherentes a su persona; pueden también impugnar los actos que el deudor haya realizado en fraude de su derecho» En relación con la acción subrogatoria como supuesto de legitimación extraordinaria es recomendable el estudio SÁNCHEZ LÓPEZ, B., *Acción subrogatoria y sustitución procesal (análisis y prospectivas)*, Marcial Pons, Madrid, 2017 en sus páginas 134-138.

102. El artículo 1.552 del código civil señala que «el subarrendatario queda también obligado para con el arrendador por el importe del precio convenido en el subarriendo que se halle debiendo al tiempo del requerimiento, considerando no hechos los pagos adelantados, al no haberlos verificado con arreglo a la costumbre».

103. El artículo 1.597 del código civil dispone que «los que ponen su trabajo y materiales en una obra ajustada alzadamente por el contratista, no tienen acción contra el dueño de ella sino hasta la cantidad que éste adeude a aquél cuando se hace la reclamación» y permite que los obreros contratados por el contratista demanden al dueño de la obra por su trabajo».

rio en el caso previsto en el artículo 1.722 del código civil[104]; al dueño de la cosa pignorada para interponer las acciones que competen por el acreedor pignoraticio para reclamarla o defenderla contra terceros según lo previsto en el artículo 1.869 del código civil[105]; al acreedor para el ejercicio de la acción social de responsabilidad contra los administradores cuando no haya sido ejercitada por la sociedad o sus socios[106]; al licenciatario para la acción de defensa de la patente[107]; al perjudicado o los herederos contra la compañía ase-

---

104. El artículo 1.722 del código civil remite al anterior para permitir que el mandante pueda dirigir su acción contra el sustituto «cuando no se le dio facultad para nombrarlo (y) cuando se le dio esta facultad, pero sin designar la persona, y el nombrado era notoriamente incapaz o insolvente».
105. El artículo 1.869 del código civil refiere que «mientras no llegue el caso de ser expropiado de la cosa dada en prenda, el deudor sigue siendo dueño de ella. Esto no obstante, el acreedor podrá ejercitar las acciones que competan al dueño de la cosa pignorada para reclamarla o defenderla contra tercero» NIEVA FENOLL sostiene que este precepto cobró vigencia en la crisis del 2008 con los llamados «*cash converters*» en NIEVA FENOLL, J., *Derecho Procesal II. Proceso Civil, Op. Cit.*, p. 76.
106. Tal y como recoge el artículo 240 del Real Decreto Legislativo 1/2010, de 2 de julio, por el que se aprueba el texto refundido de la Ley de Sociedades de Capital.
107. Así lo regula el artículo 117 de la ley 24/2015, de 24 de julio, de Patente, que contempla que «1. Estarán legitimados para el ejercicio de las acciones a que se refiere el artículo 2.3 de esta Ley, además de los titulares de los derechos inscritos en el Registro de Patentes, quienes acrediten haber solicitado debidamente la inscripción en dicho registro del acto o negocio del que traiga causa el derecho que se pretenda hacer valer, siempre que dicha inscripción llegue a ser concedida. 2. Salvo pacto en contrario, el titular de una licencia exclusiva podrá ejercitar en su propio nombre todas las acciones que en la presente Ley se reconocen al titular de la patente frente a los terceros que infrinjan su derecho, pero no podrá ejercitarlas el concesionario de una licencia no exclusiva. 3. El licenciatario, que, conforme a lo dispuesto en el apartado anterior, no esté legitimado para ejercitar las acciones por infracción de la patente, podrá requerir fehacientemente al titular de la misma para que entable la acción judicial correspondiente. Si el titular se negara o no ejercitara la oportuna acción

guradora que, de acuerdo con la ley 50/1980, de 8 de octubre, de Contrato de Seguro[108], sustituye al asegurado que ha causado el daño[109]; al productor fonográfico y al licenciatario de los derechos de propiedad intelectual para

dentro de un plazo de tres meses, podrá el licenciatario entablarla en su propio nombre, acompañando el requerimiento efectuado. Con anterioridad al transcurso del plazo mencionado, el licenciatario podrá pedir al Juez la adopción de medidas cautelares urgentes cuando justifique la necesidad de las mismas para evitar un daño importante, con presentación del referido requerimiento. 4. El licenciatario que ejercite una acción en virtud de lo dispuesto en alguno de los apartados anteriores deberá notificárselo fehacientemente al titular de la patente, el cual podrá personarse e intervenir en el procedimiento, ya sea como parte en el mismo o como coadyuvante».
108. El artículo 76 de la Ley 50/1980, de 8 de octubre, de Contrato de Seguro refiere que «el perjudicado o sus herederos tendrán acción directa contra el asegurador para exigirle el cumplimiento de la obligación de indemnizar, sin perjuicio del derecho del asegurador a repetir contra el asegurado, en el caso de que sea debido a conducta dolosa de éste, el daño o perjuicio causado a tercero. La acción directa es inmune a las excepciones que puedan corresponder al asegurador contra el asegurado. El asegurador puede, no obstante, oponer la culpa exclusiva del perjudicado y las excepciones personales que tenga contra éste. A los efectos del ejercicio de la acción directa, el asegurado estará obligado a manifestar al tercero perjudicado o a sus herederos la existencia del contrato de seguro y su contenido»
109. GIMENO SENDRA, V., «¿Puede el Juez Inadmitir de oficio una demanda por falta de legitimación de las partes?» *Derecho & Sociedad*, nº 38, pp. 121 también refiere que sólo ostentan capacidad de conducción procesal las personas que se encuentran en la relación de parentesco, de afectividad o con la patria potestad en los procesos relativos al estado civil de las personas, el cónyuge en la defensa de los bienes y derechos comunes, el heredero en los procedimientos hereditarios, el arrendador y arrendatario en los procesos arrendaticios, el Procurador o Abogado en ejercicio en el proceso ejecutivo para la provisión de fondos y pagos de cuentas, el accionista, administrador, el socio para determinadas acciones mercantiles que exigen tal condición, el albacea para defender en juicio la validez de un testamento, los comuneros en una comunidad de bienes «pro indiviso» el fiador acreedor para ejercitar la acción de regreso o el titular de una patente en el ejercicio de pretensiones de condena, entre otros.

determinadas acciones[110]; o a la persona —física o jurídica— indicada en el testamento del fallecido para ejercitar la acción de protección civil de su honor y, en su defecto, al cónyuge, descendientes, ascendientes y hermanos que viviesen al tiempo del fallecimiento del titular del Derecho o, en ausencia de los anteriores al Ministerio Fiscal[111]. En las últimas reformas en materia de la capacidad jurídica, se ha reconocido también legitimación para instar el proceso de adopción de medidas judiciales de apoyo para una persona con discapacidad a su cónyuge no separado de hecho o legalmente o quien se encuentre en una situación de hecho asimilable, su descendiente, ascendiente o hermano[112].

---

110. Vid. Artículo 118 del Real Decreto Legislativo 1/1996, de 12 de abril, por el que se aprueba el texto refundido de la Ley de Propiedad Intelectual, regularizando, aclarando y armonizando las disposiciones legales vigentes sobre la materia.
111. De acuerdo con la Ley Orgánica 1/1982, de 5 de mayo, de protección civil del derecho al honor, a la intimidad personal y a la propia imagen. Como señala el Preámbulo de la ley orgánica «en el caso de que la lesión tenga lugar antes del fallecimiento sin que el titular del derecho lesionado ejerciera las acciones reconocidas en la ley, sólo subsistirán éstas si no hubieran podido ser ejercitadas por aquél o por su representante legal, pues si se pudo ejercitarlas y no se hizo existe una fundada presunción de que los actos que objetivamente pudieran constituir lesiones no merecieron esa consideración a los ojos del perjudicado o su representante legal. En cambio, la acción ya entablada sí será transmisible porque en este caso existe una expectativa de derecho a la indemnización» Y esto porque, pese a que «a muerte del sujeto extingue los derechos de la personalidad, la memoria de aquél constituye una prolongación de esta última que debe también ser tutelada por el derecho» como sostiene la Exposición de Motivos de la Ley Orgánica. Del tema se ha ocupado ARRABAL PLATERO, P., «La protección civil del honor en el contexto tecnológico: indemnización del daño moral; especial referencia a la prueba», *Práctica de Tribunales*, n° 142, 2020, pp. 1-36.
112. Vid. Artículo 757 de la ley de enjuiciamiento civil modificado desde el 3 de septiembre de 2021, por el artículo 4.14 de la ley 8/2021, de 2 de junio, por la que se reforma la legislación civil y procesal para el apoyo a las

Y, respecto de las entidades legitimadas extraordinariamente para la defensa de derechos o intereses particulares, puede citarse a los Colegios profesionales para la reclamación del cobro de los honorarios de sus colegiados[113]; a las Comunidades de propietarios para el ejercicio de la acción de cesación de actividades molestas, incomodas o insalubres del poseedor en sustitución del propietario de la vivienda[114]; o a las asociaciones de consumidores y usuarios para la defensa de los intereses de sus asociados, incluyendo el ejercicio de acciones de condena en su nombre, cuando ello venga previsto en sus estatutos o celebren con ellos contratos de mandato[115].

---

personas con discapacidad en el ejercicio de su capacidad jurídica. En relación con esta materia, PADILLA HERRERA señala que el legislador ha privado al Ministerio Fiscal de legitimación activa en el proceso contencioso de revisión de las medidas de apoyo judicialmente acordadas para una persona con discapacidad, fruto de un error en la redacción del artículo 761, vid. PADILLA HERRERA, J.E., «El nuevo artículo 761 de la Ley 1/2000 de 7 de enero, de Enjuiciamiento Civil, priva al Ministerio Fiscal de legitimación activa, en el proceso contencioso de revisión de las medidas de apoyo judicialmente acordada» *Diario LA LEY*, Nº 10400, 4 de diciembre de 2023.

113. En atención al artículo 5.g) de la Ley 2/1974, de 13 de febrero, sobre Colegios Profesionales, que contempla que «corresponde a los Colegios Profesionales el ejercicio de las siguientes funciones, en su ámbito territorial: (…) g) Ostentar en su ámbito la representación y defensa de la profesión ante la Administración, Instituciones, Tribunales, Entidades y particulares, con legitimación para ser parte en cuantos litigios afecten a los intereses profesionales y ejercitar el derecho de petición, conforme a la Ley». Aunque la Ley 7/1998, de 13 de abril, sobre condiciones generales de la contratación también otorga legitimación a «los colegios profesionales legalmente constituidos» para el ejercicio de acciones de cesación y retractación, cabe entender que esa actuación lo será para el ejercicio de intereses colectivos y, en este caso, viene determinado por la defensa del interés privado del colegiado.

114. Que contempla el artículo séptimo de la ley 49/1960, de 21 de julio, sobre propiedad horizontal.

115. Expresamente reconocido en el artículo 11.1 de la ley de enjuiciamiento civil, que literalmente contempla lo siguiente: «1. Sin perjuicio de la

Además, para la defensa del derecho a la igualdad de trato entre mujeres y hombres, está legitimada «la Autoridad Independiente para la Igualdad de Trato y la No Discriminación, así como, en relación con las personas afiliadas o asociadas a los mismos, los partidos políticos, los sindicatos, las asociaciones profesionales de trabajadores autónomos, las organizaciones de personas consumidoras y usuarias y las asociaciones y organizaciones legalmente constituidas que tengan entre sus fines la defensa y promoción de los derechos humanos, de acuerdo con lo establecido en la Ley integral para la igualdad de trato y la no discriminación», con la autorización de las personas afectadas[116].

Y se ha contemplado igualmente la legitimación de «los partidos políticos, las organizaciones sindicales, las organizaciones empresariales, las asociaciones profesionales de

---

legitimación individual de los perjudicados, las asociaciones de consumidores y usuarios legalmente constituidas estarán legitimadas para defender en juicio los derechos e intereses de sus asociados» Véase al respecto también GIMENO SENDRA, V., MIRA ROS, C., «La legitimación de las asociaciones de consumidores...» *Op. Cit.* Por su parte, FONTANILLA PARRA, J.A., «Legitimación de las asociaciones de consumidores y usuarios para litigar en interés de sus asociados y derecho de asistencia jurídica gratuita» *Diario La Ley*, N° 5740, Sección Doctrina, 17 de marzo de 2003 considera este supuesto como «legitimación subordinada», en tanto que dependiente de la decisión de los asociados consumidores o usuarios de no ejercitar la acción, de ejercitarla por sí, de cesar en su ejercicio o de cualquier forma disponer del objeto del proceso».

116. De acuerdo con el artículo 11 bis de la ley de enjuiciamiento civil que, en todo caso, refiere también la legitimación de los propios afectados. La norma determina, además, que la persona acosada será la única legitimada en los litigios sobre acoso sexual y acoso por razón de sexo. Al respecto, REIFARTH MUÑOZ, W., *La tutela colectiva de los derechos fundamentales*, Aranzadi, Cizur Menor, 2023, p. 271 defiende que en estos casos en los que se deja a la víctima acosada «a su suerte» es el escenario «en el que la fuerza colectiva podría llegar a ser más útil a sus intereses y a su derecho a la indemnidad».

personas trabajadoras autónomas, las asociaciones de personas consumidoras y usuarias y las asociaciones y organizaciones legalmente constituidas que tengan entre sus fines la defensa y promoción de los derechos de las personas lesbianas, gais, bisexuales, trans e intersexuales o de sus familias» para la defensa de los derechos e intereses de las personas víctimas de discriminación por razones de orientación e identidad sexual, expresión de género o características sexuales, siempre que cuenten con su autorización expresa[117].

Recientemente, se ha reconocido expresamente también la legitimación activa de las asociaciones de profesionales del arte y de la cultura en aquellos procesos que tengan por objeto la defensa en juicio de los intereses de sus asociadas y asociados cuando se detecten prácticas fraudulentas, abusos de ley o discriminación que afecten a un colectivo de profesionales cuando cuenten con su autorización, por medio de la inclusión del artículo 11 quater en la ley de enjuiciamiento civil, que entró en vigor en marzo de 2024, por el Real Decreto-ley 6/2023, de 19 de diciembre, por el que se aprueban medidas urgentes para la ejecución del Plan de Recuperación, Transformación y Resiliencia en materia de servicio público de justicia, función pública, régimen local y mecenazgo[118].

---

117. Vid. Artículo 11 ter ley de enjuiciamiento civil, que también prevé la legitimación de las propias personas afectadas, única legitimada en los litigios sobre acoso discriminatorio por razón de orientación e identidad sexual, expresión de género o características sexuales. REIFARTH MUÑOZ, W., *La tutela colectiva...*, *Op. Cit.*, p. 275 critica que no se haya incluido en este elenco de legitimados a la Autoridad Independiente para la Igualdad de Trato y la No Discriminación.

118. De acuerdo con el preámbulo de la norma, esta modificación responde a la necesidad de «restaurar el equilibrio contractual en un sector caracterizado, en muchas ocasiones, por la falta de capacidad negociadora de los artistas que, sin autonomía de negociación y decisión, acaban

Como puede observarse, los supuestos legitimados son cuantiosos y previstos en normas heterogéneas, lo que provoca una evidente inseguridad jurídica a los operadores jurídicos, obligados a conocer las distintas normas sectoriales que, además, como se ha visto, en ocasiones tienen una redacción mejorable. Sería recomendable, igual que ocurre con estos últimos supuestos expresamente previstos en la LEC, unificar el reconocimiento de todos los demás casos de legitimación extraordinaria en una misma regulación, que preferiblemente fuese la ley de enjuiciamiento civil.

Con todo y con ello, téngase presente que, aunque en algunos supuestos el demandante actúa en nombre e interés propio[119] ejercitando un derecho ajeno (siendo, por tanto, parte genuina del proceso)[120], el sustituido puede comparecer voluntariamente en el proceso como interviniente litisconsorcial[121], no teniendo, por tanto, el tribunal que llamarlo para dictar la sentencia, que le afectará en todo caso[122]. Si bien, eso sí, «la cosa juzgada dada contra el representante alcanza al representado, sin perjuicio de las acciones de responsabilidad que pudieran surgir entre ambos»[123].

---

aceptando cláusulas desventajosas que, en no pocos casos, resultan nulas o abusivas».

119. Diferente a los casos, como los de los Colegios profesionales, en los que se litiga en nombre propio, pero interés ajeno.

120. ÁLVAREZ ALARCÓN, A., «Las partes del proceso civil», en ÁLVAREZ ALARCÓN, A., PÉREZ-CRUZ MARTÍN, A.J., *Op. Cit.*, p. 99; LÓPEZ YAGÜES, V., «La legitimación», en *Derecho procesal civil. Parte general* (Dir. ASENCIO MELLADO, Coord. FUENTES SORIANO), Tirant Lo Blanch, Valencia, 2019, p. 74.

121. Ello a través de lo previsto en el artículo 13 LEC.

122. GIMENO SENDRA, V., *Derecho procesal civil. I...*, *Op. Cit.*, p. 159.

123. COUTURE, E.J., *Fundamentos del Derecho procesal civil*, tercera edición, De Palma, Buenos Aires, 1958, p. 424.

9. LEGITIMACIÓN EXTRAORDINARIA PARA LA DEFENSA DE INTERESES PLURALES: LA PROTECCIÓN DE DERECHOS COLECTIVOS Y DIFUSOS

El desarrollo de los que se conocen como intereses plurales, grupales o «sociales» (esto es, aquellos supraindividuales)[124], se ha visto acompañado por el reconocimiento paulatino de la legitimación extraordinaria a determinadas entidades para su protección[125].

---

124. JUAN SÁNCHEZ, R., «El interés jurídico como criterio de legitimación...», *Op. Cit.*, p. 224. Puede leerse también COROMINAS BACH, S., *Procesos colectivos y legitimación...*, *Op. Cit.* MONTESINOS GARCÍA, A., «Aspectos procesales de las acciones colectivas...» *Op. Cit.*, p. 255 destaca que el desarrollo del que se conoce como «derecho de masas 'responde a la existencia de una sociedad de consumo propia del Estado del bienestar en la que son frecuentes las relaciones jurídicas colectivas despersonalizadas a través de condiciones generales de contratación y contratos de adhesión y la consecuente necesidad de protección de los intereses colectivos de usuarios y consumidores (los más débiles en la contratación) y de la evitación de daños preventivos.

125. GONZÁLEZ PILLADO, E., «Comentarios prácticos a la Ley de Enjuiciamiento Civil. Arts. 6 a 11», *InDret*, nº 3, 2004, p. 27 destaca que una de las grandes novedades de la nueva ley procesal civil es la atención que se presta a la tutela jurisdiccional de los derechos d ellos consumidores y usuarios— Es consciente el legislador de que en el marco socioeconómico que se vive en el momento actual no basta con ofrecer protección individual, sino que la tutela judicial efectiva del art. 24 CE obliga a superar el individualismo liberal característico de nuestra derogada ley procesal civil». En este sentido, como señala OCHOA MONZÓ, V., «Legitimación, publicidad e intervención en...», *Op. Cit.*, el legislador «ha decidido potenciar en el sistema de legitimación de estos intereses jurídicos colectivos, el papel de las personas jurídicas constituidas y legalmente habilitadas para la defensa de los intereses de los consumidores y usuarios, a salvo siempre la legitimación individual del consumidor perjudicado» El consumidor particular, pese a que puede defender sus intereses particulares, no incoar un proceso para defender intereses supraindividuales, «erigiéndose «en defensa de un grupo de sujetos afectados si no lo hace creando una

Aunque cabe diferenciar entre la tutela colectiva (de varios sujetos determinados o fácilmente determinables) y la difusa (de personas indeterminadas o de difícil determinación), en ocasiones la ley utiliza conjuntamente ambos términos, lo que contribuye a su confusión[126]. Así, a modo de ejemplo, el artículo 15 de la ley de enjuiciamiento civil regula los «procesos para la protección de derechos e intereses colectivos y difusos de consumidores y usuarios» o el 76 prevé la acumulación para los «procesos incoados para la protección de los derechos e intereses colectivos o difusos que las leyes reconozcan a consumidores y usuarios», entre otros supuestos. También la ley de enjuiciamiento civil legitima a las entidades habilitadas conforme a la normativa comunitaria europea[127] «para el ejercicio de la acción de cesación para la defensa de los intereses colectivos y de los intereses difusos de los consumidores y usuarios»[128]. Téngase presente

---

asociación o grupo de afectados, tal y como destaca MONTESINOS GARCÍA, A., «Aspectos procesales de las acciones colectivas…», *Op. Cit.*, p. 255.

126. Una de las principales causas de la confusión existente en relación con esta materia deriva, precisamente, de la utilización inapropiada de los términos, tal y como ponen de manifiesto ARMENTA DEU, T., «La legitimación en las acciones colectivas» *en VVAA, La tutela de los…, Op. Cit.*, pp. 103-148 y BARBERO GONZÁLEZ, M.V., «Los derechos e intereses supraindividuales…» *Op. Cit.*

127. Véase también el artículo 6.1.8° LEC. Puede consultarse el último listado publicado en https://eur-lex.europa.eu/legal-content/ES/TXT/PDF/?uri=OJ:JOC_2022_283_R_0006&from=ES (última visita el 6 de noviembre de 2023).

128. De acuerdo con el apartado cuarto del artículo 11 de la ley de enjuiciamiento civil, introducido por la ley 39/2002, de 28 de octubre, de transposición al ordenamiento jurídico español de diversas directivas comunitarias en materia de protección de los intereses de los consumidores y usuarios. Aunque la previsión original contemplaba la legitimación de tales entidades y del Ministerio Fiscal para el ejercicio de la acción de cesación para la defensa de los intereses colectivos y de los intereses difusos de los consumidores y usuarios, la ley 3/2014, de 27 de marzo, por la que

que en junio de 2023 entró en vigor la «Directiva (UE) 2020/1828 del Parlamento Europeo y del Consejo de 25 de noviembre de 2020 relativa a las acciones de representación para la protección de los intereses colectivos de los consumidores, y por la que se deroga la Directiva 2009/22/CE», en cuyo considerando 32 señala que «debe garantizarse el reconocimiento mutuo de la legitimación procesal de las entidades habilitadas designadas para ejercitar acciones de representación transfronterizas. La identidad de estas entidades habilitadas debe comunicarse a la Comisión, y la Comisión debe elaborar una lista de dichas entidades designadas y publicarla. La inclusión en la lista debe servir como prueba de la legitimación procesal de la entidad habilitada que ejercite la acción de representación. Esto debe entenderse sin perjuicio de la prerrogativa del órgano jurisdiccional o autoridad administrativa de examinar si la finalidad estatutaria de la entidad habilitada justifica que ejercite una acción en un caso concreto»[129]. Aunque está prevista la trasposición de esta Directiva a través de la Ley de acciones de representación, en la actualidad el texto todavía se encuentra en fase de Anteproyecto[130].

---

se modifica el texto refundido de la Ley General para la Defensa de los Consumidores y Usuarios y otras leyes complementarias, aprobado por el Real Decreto Legislativo 1/2007, de 16 de noviembre lo modificó para ampliar la legitimación del Ministerio Fiscal «para ejercitar cualquier acción en defensa de los intereses de los consumidores y usuarios».

129. Accesible desde https://eur-lex.europa.eu/legal-content/ES/TXT/?uri=celex%3A32020L1828.

130. Cuyo texto puede consultarse en la web https://www.mjusticia.gob.es/es/AreaTematica/ActividadLegislativa/Documents/Anteproyecto%20de%20Ley%20acciones%20representativas.pdf. Pueden leerse estudios sobre el mismo en ARMENTA DEU, T., *Jueces, fiscales y víctimas en un proceso en transformación*, Marcial Pons, Madrid, 2023; BARBERO GONZÁLEZ, M.V., «Los derechos e intereses supraindividuales...», *Op. Cit.*; ZABALLOS ZURILLA, M., «El Anteproyecto de Ley de acciones de representación para la protección

Y, en términos similares, la ley general para la defensa de los consumidores y usuarios contempla la legitimación de las asociaciones de consumidores y usuarios (y de otras entidades[131]) para ejercitar la acción de cesación frente a las conductas de empresarios que lesionen «intereses colectivos o intereses difusos» de los consumidores y usuarios[132].

Como se verá, las asociaciones de consumidores y usuarios son entidades a las que se les ha reconocido legitimación para distintas acciones para la protección de estos últimos, pero la doctrina ha criticado —acertadamente— que el legislador de la ley de enjuiciamiento civil del año 2000 lo

---

de los intereses colectivos de los consumidores: aspectos clave» *Revista CESCO De Derecho De Consumo*, nº 46, 2023, pp. 68-86; PERTÍÑEZ VÍLCHEZ, F., VACAS CHALFOUN, Á., RAYÓN BALLESTEROS, M.C., BUENOSVINOS GONZÁLEZ, H., FERNÁNDEZ LÓPEZ, M., TORRE SUSTAETA, M.V., «Diálogos para el futuro judicial LVII. El pleito testigo y la extensión de efectos en el proceso civil»(Coord. PEREA GONZÁLEZ), *Diario LA LEY*, Nº 10222, Sección Plan de Choque de la Justicia, 6 de febrero de 2023.

131. Las entidades a las que la Ley General para la Defensa de los Consumidores y Usuarios contempla la legitimación para ejercitar la acción de cesación frente a las conductas de empresarios que lesionen «intereses colectivos o intereses difusos» de los consumidores y usuarios son: el Instituto Nacional del Consumo y los órganos o entidades correspondientes de las comunidades autónomas y de las corporaciones locales competentes en materia de defensa de los consumidores y usuarios, el Ministerio Fiscal y las entidades de otros Estados miembros de la Comunidad Europea constituidas para la protección de los intereses colectivos y de los intereses difusos de los consumidores y usuarios que estén habilitadas mediante su inclusión en la lista publicada a tal fin en el «Diario Oficial de las Comunidades Europeas».

132. En virtud del artículo 54 del Real decreto legislativo 1/2007, de 16 de noviembre, por el que se aprueba el texto refundido de la Ley General para la Defensa de los Consumidores y Usuarios y otras leyes complementarias. ARMENTA DEU, T., «La legitimación en las acciones colectivas», *en VVAA, La tutela de los..., Op. Cit.*, pp. 103-148 destaca los múltiples problemas que la equiparación de esta y otras normas hacen de los intereses colectivos y difusos.

haya hecho por medio de «una serie de normas especiales, en los lugares oportunos»[133], en lugar de arbitrar un procedimiento especial para las mismas[134], lo que hubiese resultado más esclarecedor.

Pese a que, como se ha señalado, no existe una distinción nítida entre los intereses colectivos y los difusos en la normativa referente a la legitimación, a continuación, se realiza una clasificación de los supuestos en función de si se configuran para la defensa de unos o de otros, con la finalidad de clarificar el oscuro panorama que dibuja la regulación actual.

10. LEGITIMACIÓN EXTRAORDINARIA PARA LA DEFENSA DE INTERESES COLECTIVOS

Puede entenderse por intereses colectivos aquellos que disfrutan conjunta y solidariamente un grupo de personas perfectamente determinadas o determinables[135]. Son, a modo de ejemplo, los clientes de una entidad bancaria que ha contratado un determinado préstamo hipotecario, los pasajeros de un vuelo que ha sido cancelado, los pacientes que habían abonado un servicio por adelantado a una clínica dental que cierra repentinamente, los compradores de unos vehículos sobre los que hubo una actuación anticompetitiva por parte de los fabricantes, etc. Sin negar el ejercicio de la acción individual que puede iniciar cada uno de los titulares

---

133. Así lo expresa la Exposición de Motivos de la ley 1/2000, de 7 de enero, de Enjuiciamiento Civil.

134. Léase, al respecto, BARBERO GONZÁLEZ, M.V., «Los derechos e intereses supraindividuales...», *Op. Cit.*, que tilda la decisión del legislador de desacertada.

135. Vid. ARMENTA DEU, T., «Cosa juzgada y acciones colectivas en el ordenamiento procesal civil español», en *Intereses colectivos y legitimación activa* (Dir. CARBONELL PORRAS; Coord. CABRERA MERCADO), Aranzadi, Cizur Menor, 2014.

de uno de estos derechos colectivos, es posible también su defensa por sujetos representativos[136]. Es innegable que la acumulación de acciones en un mismo proceso trae consigo algunas ventajas, tales como la eficiencia y economía procesal, el acceso a la justicia de los pequeños demandantes cuya legitimación individual es insuficiente o el aseguramiento de soluciones homogéneas para situaciones fácticas que también lo son[137].

Sin embargo, como refiere la doctrina, la propia construcción de las acciones colectivas «escapa a los esquemas clásicos sobre los que se asienta tradicionalmente la legitimación en el proceso civil»[138], porque sirven a la defensa de intere-

---

136. JUAN SÁNCHEZ, R., «El interés jurídico como criterio de legitimación...», *Op. Cit.*, p. 232.

137. BARBERO GONZÁLEZ, M.V., «Los derechos e intereses supraindividuales...» *Op. Cit.* Como destaca MARTÍ PAYÁ, V., «La legitimación activa en la mediación colectiva sobre consumo», en VVAA, *Acciones colectivas (cuestiones actuales y perspectivas de futuro* (Coords. ARMENTA DEU, PEREIRA PUIGVERT), Marcial Pons, Madrid, 2018, p. 416 «en muchas ocasiones el consumidor desiste de su derecho a ejercitar una acción individual ante los tribunales en defensa de sus derechos o intereses porque no le compensa (la escasa cuantía del litigio, los costes del proceso, el tiempo a dedicar, las dificultades probatorias, la incertidumbre de la solución..., son características que conducen a que el afectado no vea rentable entablar una reclamación)». También la Circular 2/2010, de 19 de noviembre, acerca de la intervención del Ministerio Fiscal en el orden civil para la protección de consumidores y usuarios hace referencia a «a evidente dificultad que entraña el ejercicio de reclamaciones individuales por parte de los consumidores y usuarios perjudicados, y a la irrenunciable necesidad de facilitarles el acceso a la tutela jurisdiccional en el marco de una razonable economía procesal».

138. GASCÓN INCHAUSTI, F., «Artículo 16», en VVAA, *Op. Cit.* p. 682.En el mismo sentido, ARNAIZ SERRANO, A., *Las partes civiles en el proceso penal, Op. Cit.*, p. 209 sostiene que no se puede dar una respuesta satisfactoria a la categorización de la legitimación de las asociaciones de consumidores y usuarios en el esquema actual por ser un fenómeno surgido de nuevas realidades sociales.

ses supraindividuales, alterando la concepción tradicional de la legitimación como vínculo entre el titular de un derecho o interés y el fundamento del ejercicio de la acción.

La ley de enjuiciamiento civil encomienda, en su artículo 11, la tutela de los intereses colectivos de un grupo de consumidores o usuarios cuyos componentes estén perfectamente determinados o sean fácilmente determinables a las asociaciones de consumidores y usuarios[139], a las entidades legalmente constituidas para su protección[140] o a grupos de afectados[141]. Cuando en estos casos resulte compleja la iden-

---

139. Que actuarían, como señala ARMENTA DEU, T., «La legitimación en las acciones colectivas», *en VVAA, La tutela de los..., Op. Cit.*, pp. 103-148, «en defensa de «todos» los afectados».

140. PLANCHADELL GARGALLO, A., «Acciones colectivas y salud» en VVAA, *Acciones colectivas (cuestiones actuales y perspectivas de futuro* (Coords. ARMENTA DEU, PEREIRA PUIGVERT), Marcial Pons, Madrid, 2018, p. 343 identifica como ejemplo de una entidad legalmente constituida que tenga por objeto la defensa o protección de los consumidores y usuarios el colectivo Ronda. Sin embargo, la doctrina ha destacado la imprecisión de esta referencia, como gráficamente sostiene OCHOA MONZÓ, V., «Legitimación, publicidad e intervención en...», *Op. Cit.*: «a pregunta que aún hoy se sigue planteando es cuáles son estas entidades a las que la ley de enjuiciamiento civil se refiere».

141. GIMENO SENDRA, V., MIRA ROS, C., «La legitimación de las asociaciones de consumidores...» *Op. Cit.* señalan que ello está previsto para las pretensiones de condena. Estos autores refieren como ejemplos de grupos de afectados los perjudicados por el aceite de colza, los vecinos del Carmen, o los del hundimiento de la presa de Tous, ...Otros tres ejemplos son los planteados por PLANCHADELL GARGALLO, A., «Acciones colectivas y salud» en VVAA, *Acciones colectivas...*, *Op. Cit.*, pp. 332 y ss.: los casos de la talidomida, del amianto y de los implantes mamarios. OCHOA MONZÓ, V., «Legitimación, publicidad e intervención en...», *Op. Cit.* destaca que no es necesario que este grupo de afectados tenga personalidad jurídica y critica que el reconocimiento de legitimación se reduzca a consumidores y usuarios y no a otro tipo de colectivos. La referencia a los «grupos de afectados» ya se reconocía en el artículo 7.3 de la Ley Orgánica 6/1985, de 1 de julio, del Poder Judicial, que contempla que «los Juzgados y Tribunales

tificación de los perjudicados, es posible acudir al trámite de las diligencias preliminares al amparo de lo dispuesto en el artículo 256.1 de la ley de enjuiciamiento civil, que contempla «el requerimiento para que el demandado colabore en dicha determinación»[142], aunque ello no siempre ofrece resultados positivos en la práctica forense. Verbigracia, un supuesto en el que una asociación de consumidores solicita como diligencia preliminar a una entidad bancaria el listado de las personas físicas que habían contratado unos determinados productos financieros y que esta se niega a aportar, por afectar a los derechos a la intimidad y a la protección de datos de sus clientes, que no habían dado su consentimiento para la cesión de tal información[143]. No parece adecuada la limitación de la efectiva colaboración con la Administración de justicia por razón de la conculcación de un derecho de

protegerán los derechos e intereses legítimos, tanto individuales como colectivos, sin que en ningún caso pueda producirse indefensión. Para la defensa de estos últimos se reconocerá la legitimación de las corporaciones, asociaciones y grupos que resulten afectados o que estén legalmente habilitados para su defensa y promoción».

142. Frente a ello el requerido podrá oponerse en el plazo de cinco días desde la recepción de la notificación, citándose a las partes a una vista, tras la que el tribunal resolverá sobre la misma mediante auto, al amparo del artículo 260 de la ley de enjuiciamiento civil.

143. Este es el caso del que conoce la STC 95/2012, de 7 de mayo que pone de ejemplo ORTELLS RAMOS, M., «Litigiosidad masiva y proceso civil», en VVAA, *El proceso civil ante el reto de un nuevo panorama socioeconómico* (Dirs. GARCÍA-ROSTÁN CALVÍN, SIGÜENZA LÓPEZ; Coords. TOMÁS TOMÁS, CASTILLO FELIPE), Aranzadi, Cizur Menor, 2017, p. 236. En esta resolución, el intérprete constitucional considera que el órgano jurisdiccional de instancia no justificó la excepcionalidad de la medida solicitada, por lo que no era aplicable la excepción a la necesidad de previo consentimiento para la cesión de datos personales del art. 11.2.d) de la ley orgánica de protección de datos personales «cuando la comunicación que deba efectuarse tenga por destinatario a los jueces o tribunales en el ejercicio de las funciones que tiene atribuidas».

quienes pueden estar interesados en la propia acción por ser consumidores afectados, tergiversando el sentido y el espíritu de los derechos fundamentales alegados.

Identificados todos los perjudicados determinados o fácilmente determinables de una u otra forma, el artículo 15 de la ley de enjuiciamiento civil exige que el demandante o demandantes les haya comunicado previamente su propósito de presentación de la demanda[144]. Aunque, como destaca la doctrina, nuestra ley de enjuiciamiento civil no contempla mecanismos para controlar que la personación lo es de la mayoría de afectados[145]. Posteriormente, además, cualquier consumidor o usuario puede intervenir en el proceso en cualquier momento, aunque sólo podrá realizar los actos procesales que no hubieran precluido.

En todo caso, la sentencia que en su día se dicte desplegará el efecto de cosa juzgada respecto de todos y cada uno de los consumidores y usuarios titulares de los derechos debatidos, hayan sido o no parte del proceso[146]. Y ello porque

---

144. Este llamamiento se hará por el Letrado de la Administración de Justicia publicando la admisión de la demanda en medios de comunicación con difusión en el ámbito territorial en el que se haya manifestado la lesión de aquellos derechos o intereses. La ley de enjuiciamiento civil contempla como excepción de este llamamiento los procesos iniciados mediante el ejercicio de una acción de cesación para la defensa de los intereses colectivos y de los intereses difusos de los consumidores y usuarios.

145. OCHOA MONZÓ, V., «Legitimación, publicidad e intervención en...» *Op. Cit.*

146. Como así se desprende del artículo 222.3 de la ley de enjuiciamiento civil, que determina que «la cosa juzgada afectará a las partes del proceso en que se dicte y a sus herederos y causahabientes, así como a los sujetos, no litigantes, titulares de los derechos que fundamenten la legitimación de las partes conforme a lo previsto en los artículos 11 y 11 bis de esta ley». Al respecto, MONTESINOS GARCÍA, A., «Aspectos procesales de las acciones colectivas...», *Op. Cit.*, p. 259 refiere los dos modelos de intervención en un proceso colectivo (*opt-in* en el que la participación es voluntaria y la sentencia es vinculante sólo para quienes formen parte del grupo; y *opt-*

el artículo 222.1 de la ley de enjuiciamiento civil determina que en los procesos en los que se deciden acciones colectivas no aplica la regla general según la cual la cosa juzgada sólo vincula subjetivamente a las partes del proceso (*res iudicata inter partes*), sino que también afecta a los sujetos no litigantes que sean titulares de los derechos que fundamenten la legitimación de las partes conforme a lo previsto en los artículos 11 y 11 bis, salvo que no tuvieran conocimiento de la pendencia del pleito, se hubieran excluido expresamente del proceso o sean afectados que no se integran en el colectivo de «consumidores y usuarios»[147].

El consumidor o usuario que, no siendo parte del proceso colectivo, es beneficiario de la sentencia podrá solicitar su reconocimiento como tal por medio del incidente previsto en el artículo 519 de la ley de enjuiciamiento civil, sin que pueda interponer una demanda sobre la misma cuestión[148].

---

out, en el que el grupo se compone de todos los individuos del grupo salvo los que expresamente se han desvinculado, siendo la sentencia vinculante para los primeros) y destaca que, aunque la ley de enjuiciamiento civil no prevé expresamente ninguno de ellos, nuestro sistema de acciones colectivas se asemeja al segundo, permitiendo el artículo 15 de la ley de enjuiciamiento civil 5 la exclusión del proceso de los consumidores que quisiesen desvincularse.

147. MONTESINOS GARCÍA, A., «Aspectos procesales de las acciones colectivas...», *Op. Cit.*, p. 267 justifica esta excepción en el interés por evitar «una avalancha» de procesos ulteriores contra el mismo demandado por igual hecho dañoso. La autora destaca que la eficacia de esta sentencia lo son respecto de los efectos favorables y desfavorables.

148. La redacción actual de este precepto es la siguiente: «cuando las sentencias de condena a que se refiere la regla primera del artículo 221 no hubiesen determinado los consumidores o usuarios individuales beneficiados por aquélla, el tribunal competente para la ejecución, a solicitud de uno o varios interesados y con audiencia del condenado, dictará auto en el que resolverá si, según los datos, características y requisitos establecidos en la sentencia, reconoce a los solicitantes como beneficiarios de la condena. Con testimonio de este auto, los sujetos reconocidos podrán instar la

Ello no obstante, este precepto ha sido recientemente modificado por el Real decreto-ley 6/2023, de 19 de diciembre, por el que se aprueban medidas urgentes para la ejecución del Plan de Recuperación, Transformación y Resiliencia en materia de servicio público de justicia, función pública, régimen local y mecenazgo y su nueva redacción, que entrará en vigor el 20 de marzo de 2024 y que contempla la extensión de efectos de sentencias dictadas en procedimientos en los que se hayan ejercitado acciones individuales relativas a condiciones generales de la contratación.

El problema, en muchas ocasiones, se da durante la pendencia del proceso, dado que el consumidor individual «puede llegar a verse perjudicado por las vicisitudes procesales de las acciones colectivas que pueden tener una complicada tramitación procesal en la instancia» en la que las entidades demandas alegan en ocasiones prejudicialidad civil al amparo del artículo 43 de la ley de enjuiciamiento civil[149].

Pero, además, de la ley de enjuiciamiento civil, otras normas sectoriales reconocen la legitimación de determinados organismos para el ejercicio de acciones en defensa de intereses colectivos. Así, en primer lugar, las entidades de gestión de derechos de explotación u otros de carácter patrimonial pueden hacer valer en juicio los derechos confiados a su gestión por cuenta y en interés de varios autores[150]. También el Instituto Nacional del Consumo y los órganos correspon-

---

ejecución. El Ministerio Fiscal podrá instar la ejecución de la sentencia en beneficio de los consumidores y usuarios afectados».

149. MONTESINOS GARCÍA, A., «Aspectos procesales de las acciones colectivas…» *Op. Cit.*, p. 269. ASENCIO MELLADO, J.M., *Prejudicialidad en el proceso penal y criminalización social*, Tirant lo Blanch, Valencia, 2015, pp. 162, 169 alaba la redacción del artículo 43 LEC y propone trasladarlo a la norma procesal penal, acordando la suspensión del proceso en el que una decisión anterior fuera determinante del contenido de una sentencia.

150. Vid. Artículo 150 del Real decreto legislativo 1/1996, de 12 de abril, por el que se aprueba el texto refundido de la Ley de Propiedad Intelectual,

dientes de las Comunidades Autónomas y de las Corporaciones Locales competentes en materia de defensa de los consumidores pueden interponer la acción de cesación de conductas contrarias a la ley que rige el comercio electrónico[151]. Y la Ley General para la Defensa de los Consumidores y Usuarios reconoce legitimación a las propias asociaciones de consumidores y usuarios, a las entidades legalmente constituidas que tengan por objeto la defensa o protección de éstos, así como a los propios grupos de afectados para el ejercicio de la acción de cesación frente a conductas de empresarios[152]. En un sentido similar, el Real decreto legislativo 1/2013, de 29 de noviembre, por el que se aprueba el Texto refundido de la ley general de derechos de las personas con discapacidad y de su inclusión social prevé la legitimación de «las personas jurídicas legalmente habilitadas para la defensa de los derechos e intereses legítimos colectivos» para hacer efectivo el derecho de igualdad de oportunidades en nombre e interés de las personas que así lo autoricen[153].

Finalmente, la ley sobre condiciones generales de la contratación determina la legitimación de un conjunto de instituciones para el ejercicio de acciones de cesación y retracta-

---

regularizando, aclarando y armonizando las disposiciones legales vigentes sobre la materia.

151. Vid. Artículo 31 de la ley 34/2002, de 11 de julio, de servicios de la sociedad de la información y de comercio electrónico.

152. En virtud del artículo 54 del Real decreto legislativo 1/2007, de 16 de noviembre, por el que se aprueba el texto refundido de la ley general para la defensa de los consumidores y usuarios y otras leyes complementarias se reconoce legitimación a estas entidades frente a lesiones de intereses colectivos o intereses difusos de los consumidores y usuarios. A este respecto, ARMENTA DEU, T., «La legitimación en las acciones colectivas», *en VVAA, La tutela de los..., Op. Cit.*, pp. 103-148 destaca los múltiples problemas que la equiparación esta y otras normas hacen de los intereses colectivos y difusos.

153. Véase el artículo 76 de la citada normativa.

ción contra la utilización o la recomendación de utilización de condiciones generales que resulten contrarias a lo dispuesto en la misma, como son las siguientes[154]: las asociaciones o corporaciones de empresarios, profesionales y agricultores que estatutariamente tengan encomendada la defensa de los intereses de sus miembros; las Cámaras de Comercio, Industria y Navegación; las asociaciones de consumidores y usuarios que reúnan los requisitos establecidos en la ley 26/1984, de 19 de julio, general para la defensa de los consumidores y usuarios, o, en su caso, en la legislación autonómica en materia de defensa de los consumidores; el Instituto Nacional del Consumo y los órganos o entidades correspondientes de las Comunidades Autónomas y de las Corporaciones locales competentes en materia de defensa de los consumidores; los colegios profesionales legalmente constituidos; el Ministerio Fiscal; y las entidades de otros Estados miembros de la Comunidad Europea constituidas para la protección de los intereses colectivos y de los intereses difusos de los consumidores que estén habilitadas mediante su inclusión en la lista publicada a tal fin en el «Diario Oficial de las Comunidades Europeas»[155].

---

154. Vid. Artículo 16 de la Ley 7/1998, de 13 de abril, sobre condiciones generales de la contratación. Aunque GIMENO SENDRA, V., MIRA ROS, C., «La legitimación de las asociaciones de consumidores...» *Op. Cit.* ubican este supuesto en la legitimación ordinaria, cabe entender que estas entidades legitimadas defienden en estos supuestos unos intereses colectivos y no los particulares de su persona jurídica.

155. GASCÓN INCHAUSTI, F., «Artículo 16», en VVAA, *Op. Cit.*, p. 683 entiende como el fundamento de este precepto «a ausencia de derecho subjetivo alguno que haya de ser violado para que proceda el ejercicio de la acción», ya que «no existe un legitimado «nato» o «natural» para el ejercicio de estas acciones». El autor destaca que el listado finalmente aprobado en la Ley es mayor del previsto en el proyecto de ley, que no contemplaba ni a los Colegios profesionales, ni al Ministerio Fiscal (p.684) y que opta por

Además de la multiplicidad de supuestos y su dispersión en diversas leyes, es necesario poner de manifiesto la reiteración normativa que tiene lugar en esta materia y la desactualización de las normas referenciadas ya derogadas, que bien pudiese corregirse hoy en día con los medios técnicos disponibles. Sirva de ejemplo la alusión en el último caso señalado a «las asociaciones de consumidores y usuarios que reúnan los requisitos establecidos en la ley 26/1984, de 19 de julio, general para la defensa de los consumidores y usuarios, o, en su caso, en la legislación autonómica en materia de defensa de los consumidores». Así, por un lado, la ley sobre condiciones generales de la contratación reconoce legitimación extraordinaria a unas asociaciones que, en virtud del artículo 11.2 de la ley de enjuiciamiento civil, ya la tienen reconocida[156]. Y, por otro, esta norma hace mención a una regulación ya derogada[157], ya que la Ley de 1984 ha sido sustituida por el Real Decreto Legislativo 1/2007, de 16 de

---

«un sistema que trata de controlar o asegurarse cierto grado de «seriedad» o «responsabilidad» en los sujetos a los que se la concede» (p. 687).

156. Si bien, quien repite es la ley de enjuiciamiento civil, ya que es posterior (2000) a la ley 7/1998, de 13 de abril, sobre condiciones generales de la contratación. En cualquier caso, la promulgación de la ley de enjuiciamiento civil debiese haber conllevado una modificación de la Ley anterior para evitar la reincidencia en el reconocimiento de esta legitimación extraordinaria.

157. El apartado tercero del artículo vigésimo disponía que «para poder gozar de cualquier beneficio que les otorgue la presente Ley y disposiciones reglamentarias y concordantes deberán figurar inscritas en un libro registro, que se llevará en el Ministerio de Sanidad y Consumo, y reunir las condiciones y requisitos que reglamentariamente se establezcan para cada tipo de beneficio». También está derogado el Real decreto 825/1990, de 22 de junio, sobre el derecho de representación, consulta y participación de los consumidores y usuarios a través de sus Asociaciones, que exigía igualmente la inscripción de la asociación o cooperativa de consumidores y usuarios en el Libro Registro del Ministerio de Sanidad y Consumo para representar a sus asociados y ejercer las correspondientes acciones en defensa de los mismos.

noviembre, por el que se aprueba el texto refundido de la ley general para la defensa de los consumidores y usuarios y otras leyes complementarias[158].

En todo caso, cabe señalar que ambas disposiciones (la derogada y la vigente) contemplan como requisito para su legitimación que las asociaciones de consumidores y usuarios estén inscritas en un registro[159]. En el mismo sentido, la STS, Sala de lo Civil, 1916/2013, de 9 de mayo, que conoce de una acción colectiva de cesación de condiciones generales de la contratación, dispone que «el ejercicio de la acción de cesación contra la utilización de condiciones generales de la contratación abusivas en los contratos celebrados con consumidores, no queda abierta a cualquier asociación que esté legalmente constituida, aunque en sus estatutos conste como finalidad la tutela de los intereses de consumidores y usuarios. Es preciso que la asociación, cuando es de ámbito supraautonómico —en el caso de autos no se cuestiona que la demandante tiene tal carácter—, esté inscrita en el Registro Estatal de Asociaciones de Consumidores y Usuarios». Ello, no obstante, la doctrina ha criticado la existencia de esta

---

158. Cabe atender también a ley orgánica 1/2002, de 22 de marzo, reguladora del Derecho de Asociación, cuyo artículo 32 refiere los requisitos para la declaración de utilidad pública de las asociaciones. Sobre el Texto refundido de la Ley General para la Defensa de los Consumidores y Usuarios y otras leyes complementarias, ASENCIO MELLADO, J.M., «La prueba en el ámbito de la protección de los consumidores y usuarios» *Práctica de tribunales: revista de derecho procesal civil y mercantil*, nº 77, 2010 critica la labor de refundición por no ser «técnicamente un modelo a seguir, generándose problemas inexistentes hasta entonces» por haberse alterado sustancialmente las normas refundidas «aceptando sin mayores reflexiones al trascribir normas sin el cuidado debido», resultando un «complejo texto» y tornando «más compleja» la protección de la norma.

159. Conocido como «Registro del Ministerio de Sanidad y Consumo» en la norma anterior y «Registro Estatal de Asociaciones de Consumidores y Usuarios» en la actual.

exigencia que limita la tutela judicial efectiva de las asociaciones en defensa de los consumidores y usuarios y destaca que en ningún caso ello puede suponer un impedimento para el ejercicio de su legitimación[160]. Una interpretación laxa y acorde al artículo 22 de la Constitución que prevé la inscripción a los meros efectos de publicidad es aquella que contempla que las asociaciones que no reúnan tal requisito de registro podrán representar los intereses de sus asociados o los de la asociación, pero no los intereses generales, colectivos o difusos de los consumidores[161].

11. LEGITIMACIÓN EXTRAORDINARIA PARA LA DEFENSA DE INTERESES DIFUSOS

Como se ha apuntado, hay otra serie de intereses distintos de los colectivos que corresponden a personas indeterminadas o de difícil determinación no susceptibles de disfrute exclusivamente individual (tales como el medio ambiente[162] o el patrimonio cultural o histórico), conocidos

---

160. Véase al respecto el magistral estudio GIMENO SENDRA, V., MIRA ROS, C., «La legitimación de las asociaciones de consumidores...» *Op. Cit.*, que expone las tesis maximalistas y concluye la necesidad de adoptar una opción intermedia que garantice el libre acceso de los tribunales por estas asociaciones sin restricciones del legislador ordinario. No debe olvidarse, en este sentido, que el propio texto constitucional proclama la defensa de los consumidores y usuarios en su artículo 51, aunque el intérprete constitucional admite es establecimiento de ciertos presupuestos siempre que no excluya su acceso a la justicia.
161. OCHOA MONZÓ, V., «Legitimación, publicidad e intervención en...» *Op. Cit.*
162. Respecto de la posibilidad de regular la legitimación extraordinaria para la protección del medioambiente, léase SCHUMANN BARRAGÁN, G., «La litigación civil por daños al medio ambiente. ¿son los derechos de la naturaleza una alternativa razonable?», Revista de la Asociación de Profesores

como difusos[163]. Para su protección, la ley de enjuiciamiento civil reconoce legitimación a las asociaciones de consumidores y usuarios que, conforme a la ley, sean representativas[164]. Tienen la consideración legal de asociaciones de consumidores y usuarios representativas las que formen parte del Consejo de Consumidores y Usuarios, salvo que el ámbito territorial del conflicto afecte fundamentalmente a una Comunidad Autónoma, en cuyo caso se estará a su legislación específica[165].

En estos casos, el llamamiento a los perjudicados por el letrado de la administración de justicia en medios de comunicación con difusión en el ámbito territorial en el que se haya manifestado la lesión de aquellos derechos o intere-

---

de Derecho Procesal de las Universidades españolas, n° 8, Tirant Lo Blanch, 2023, pp. 185-216.

163. ARMENTA DEU, T., «La legitimación en las acciones colectivas», *en* VVAA, *La tutela de los...*, *Op. Cit.*, pp. 103-148. La autora también refiere que «os intereses difusos aparecen, así, como intereses tutelados no susceptibles de disfrute exclusivamente individual, es decir, sin un titular exclusivo, nacidos por la socialización de la contratación, la conciencia de los ciudadanos de estar asistidos de mayores derechos o el incremento de sectores comunitarios sucesivamente más amplios», en ARMENTA DEU, T., «Cosa juzgada y acciones colectivas en el...». *Op. Cit.*

164. Vid. Apartado tercero del artículo 11 LEC. PLANCHADELL GARGALLO, A., «Acciones colectivas y salud» en VVAA, *Acciones colectivas...*, *Op. Cit.*, p. 344 subraya que la imposibilidad de individualizar a los afectados —y, por tanto, de comunicarles previamente la intención de presentar la demanda— y de conformarse con la mayoría de afectados, hace exigible que estas asociaciones lleven a cabo una adecuada representación, motivo por el cual el legislador ha determinado que sean representativas.

165. De acuerdo con lo previsto en el artículo 24.2 del Real decreto legislativo 1/2007, de 16 de noviembre, por el que se aprueba el texto refundido de la ley general para la defensa de los consumidores y usuarios y otras leyes complementarias. Puede consultarse la información actualizada de tal Consejo en https://consumo-ccu.consumo.gob.es/.

ses[166] suspende el curso del proceso por un plazo no superior a dos meses, reanudado el mismo con los consumidores que hayan acudido al llamamiento, sin que puedan estos personarse individualmente posteriormente.

Cuando el interés difuso sea el derecho de igualdad de trato entre mujeres y hombres y las personas afectadas sean una pluralidad indeterminada o de difícil determinación, la defensa para demandar en juicio corresponderá «a la Autoridad Independiente para la Igualdad de Trato y la No Discriminación, a los partidos políticos, los sindicatos y las asociaciones profesionales de trabajadores autónomos más representativos, así como a las organizaciones de personas consumidoras y usuarias de ámbito estatal, a las organizaciones, de ámbito estatal o del ámbito territorial en el que se produce la situación de discriminación que tengan entre sus fines la defensa y promoción de los derechos humanos»[167]. También la persona titular de la Delegación del Gobierno para la Violencia de Género está legitimada ante los órganos jurisdiccionales para intervenir en defensa de los derechos y de los intereses tutelados por la ley orgánica 1/2004, de 28 de diciembre[168].

Además, desde principios del año 2023, la ley de enjuiciamiento civil ha incorporado la legitimación exclusiva para solicitar la tutela a los tribunales de derechos e intereses de las

---

166. De acuerdo con el artículo 15.1 de la ley de enjuiciamiento civil LEC, en este llamamiento se publica la admisión de la demanda.

167. Vid. Artículo 11 bis de la ley de enjuiciamiento civil LEC, que recoge también la legitimación de los afectados si estuvieran determinados.

168. Vid. El artículo 3.4 del Real decreto 485/2017, de 12 de mayo, por el que se desarrolla la estructura orgánica básica del Ministerio de Sanidad, Servicios Sociales e Igualdad, que especifica que será «en concreto, para ejercer la acción de cesación y rectificación de la publicidad ilícita por utilizar de forma vejatoria la imagen de las mujeres» y señala, además, que lo harán «en colaboración y coordinación con las Administraciones públicas con competencias en la materia».

personas víctimas de discriminación por razones de orientación e identidad sexual, expresión de género o características sexuales cuando las personas afectadas sean una pluralidad indeterminada o de difícil determinación «a los organismos públicos con competencia en la materia, a los partidos políticos, las organizaciones sindicales, las organizaciones empresariales, las asociaciones profesionales de personas trabajadoras autónomas, las asociaciones de personas consumidoras y usuarias y las asociaciones y organizaciones legalmente constituidas que tengan entre sus fines la defensa y promoción de los derechos de las personas lesbianas, gais, bisexuales, trans e intersexuales o de sus familias»[169].

También en marzo de 2024 entró en vigor el artículo 11 quarter de la ley de enjuiciamiento civil LEC que prevé la legitimación a las entidades profesionales para la defensa en juicio de los intereses difusos de trabajadores por cuenta propia o autónomos del arte y la cultura indeterminados o

---

[169]. Cuando las personas afectadas no sean una pluralidad indeterminada o de difícil determinación, defensa de los derechos e intereses de las personas víctimas de discriminación por razones de orientación e identidad sexual, expresión de género o características sexuales, además de las personas afectadas y siempre que cuenten con su autorización expresa, estarán también legitimados los partidos políticos, las organizaciones sindicales, las organizaciones empresariales, las asociaciones profesionales de personas trabajadoras autónomas, las asociaciones de personas consumidoras y usuarias y las asociaciones y organizaciones legalmente constituidas que tengan entre sus fines la defensa y promoción de los derechos de las personas lesbianas, gais, bisexuales, trans e intersexuales o de sus familias, de acuerdo con lo establecido en la Ley para la igualdad real y efectiva de las personas trans y para la garantía de los derechos de las personas LGTBI, vid. artículo 11 de la ter ley de enjuiciamiento civil. Este artículo prevé igualmente que las personas afectadas son las únicas legitimadas en los litigios sobre acoso discriminatorio por razón de orientación e identidad sexual, expresión de género o características sexuales.

de difícil determinación frente a prácticas fraudulentas, abusos de ley o discriminación[170].

En definitiva, como se ha visto, la legitimación para la defensa de los intereses difusos comenzó a regularse en materia de consumidores y usuarios, pero se ha ido ampliando progresivamente a otros supuestos para los que el legislador ha considerado también necesario fortalecer su tutela. Ello recuerda a la «estructura «de piel de leopardo», con islas de tutela eficiente para determinados sujetos sobre un fondo de tutela ineficiente reservada para el ciudadano «común», que no pertenece a un grupo privilegiado o no es titular de una situación jurídica privilegiada» a la que hacía referencia TA-RUFFO como crítica a la creación de estatutos jurídicos privilegiados y diferenciados que dejan un marco general excepcional aplicable a un reducido número de supuestos[171].

12. LEGITIMACIÓN EXTRAORDINARIA PARA LA DEFENSA DEL INTERÉS PÚBLICO O INTERÉS GENERAL

Finalmente, el último apartado del artículo 11 de la ley de enjuiciamiento civil contempla la legitimación del Ministerio Fiscal «para ejercitar cualquier acción en defensa de los intereses de los consumidores y usuarios»[172], en coherencia con

---

170. Precepto incluido en la ley de enjuiciamiento civil por medio del Real decreto-ley 6/2023, de 19 de diciembre, por el que se aprueban medidas urgentes para la ejecución del Plan de Recuperación, Transformación y Resiliencia en materia de servicio público de justicia, función pública, régimen local y mecenazgo.

171. TARUFFO, M., «Racionalidad y crisis de la ley procesal», *Doxa*, nº 22, 1999, pp. 313-314.

172. La redacción actual trascrita trae causa de una modificación de la ley de enjuiciamiento civil realizada por la ley 3/2014, de 27 de marzo, por la que se modifica el texto refundido de la ley general para la defensa de los

su función de defensor de la legalidad que garantiza el artículo 124.1 CE[173] y prevé el artículo tercero de ley 50/1981, de 30 de diciembre, por la que se regula el Estatuto Orgánico del Ministerio Fiscal[174]. Además, el artículo 249.1. 2° de la ley de enjuiciamiento civil legitima al Ministerio Fiscal para «la tutela del derecho al honor, a la intimidad y a la propia imagen, y las que pidan la tutela judicial civil de cualquier otro derecho fundamental, salvo las que se refieran al derecho de rectificación». También el artículo 749 de la ley de

---

consumidores y Usuarios y otras leyes complementarias, aprobado por el Real decreto legislativo 1/2007, de 16 de noviembre. Antes de ello, se contemplaba la legitimación del Ministerio Fiscal «para el ejercicio de la acción de cesación para la defensa de los intereses colectivos y de los intereses difusos de los consumidores y usuarios», lo que fue objeto de crítica doctrinal por GIMENO SENDRA, V., MIRA ROS, C., «La legitimación de las asociaciones de consumidores...» *Op. Cit.* La Circular 2/2010, de 19 de noviembre, acerca de la intervención del Ministerio Fiscal en el orden civil para la protección de consumidores y usuarios justifica la intervención del Ministerio Fiscal en la defensa de los intereses colectivos o difusos en la «desigualdad y el desequilibrio de medios existente entre ambas partes, una de las cuales goza habitualmente de mayor poder económico».

173. Ello pese a que, como advierte REIFARTH MUÑOZ, W., *La tutela colectiva...*, *Op. Cit.*, p. 119 «os intereses de grupo no siempre coinciden con el interés público o general» y señala como la doctrina ha puesto de manifiesto la falta de preparación y de neutralidad, así como su saturación de funciones, para la defensa de estos intereses ante la propia Administración; si bien, como señala el autor, debe compatibilizarse la intervención del Ministerio Fiscal con otro tipo de técnicas de legitimación privada.

174. El artículo tercero del Estatuto Orgánico el Ministerio Fiscal establece sus funciones, entre las que, por lo que aquí interesa, están las siguientes: «6. Tomar parte, en defensa de la legalidad y del interés público o social, en los procesos relativos al estado civil y en los demás que establezca la ley. 7. Intervenir en los procesos civiles que determine la ley cuando esté comprometido el interés social o cuando puedan afectar a personas menores, incapaces o desvalidas en tanto se provee de los mecanismos ordinarios de representación. (...) 9. Velar por el cumplimiento de las resoluciones judiciales que afecten al interés público y social. (...) 16. Ejercer las demás funciones que el ordenamiento jurídico estatal le atribuya».

enjuiciamiento civil le legitima «en los procesos sobre la adopción de medidas judiciales de apoyo a las personas con discapacidad, en los de nulidad matrimonial, en los de sustracción internacional de menores y en los de determinación e impugnación de la filiación (...) aunque no haya sido promotor de los mismos ni deba, conforme a la ley, asumir la defensa de alguna de las partes»[175]. Y el artículo 519 de la ley de enjuiciamiento civil reconoce al Ministerio Público legitimación para instar la ejecución de la sentencia en beneficio de los consumidores y usuarios afectados[176].

El Ministerio Fiscal podrá también solicitar diligencias preliminares al amparo del artículo 256 de la ley de enjuiciamiento civil e, incluso, incoar diligencias preliminares con la finalidad de preparar el procedimiento, conforme prevé el artículo 5 de su Estatuto Orgánico.

En normas sectoriales, además, el artículo 16 de la ley 7/1998, de 13 de abril, sobre condiciones generales de la contratación contempla la legitimación activa del Ministerio

---

175. Como se ha señalado en una nota anterior, PADILLA HERRERA señala que el legislador ha privado al Ministerio Fiscal de legitimación activa en el proceso contencioso de revisión de las medidas de apoyo judicialmente acordadas para una persona con discapacidad, fruto de un error en la redacción del artículo 761, vid. PADILLA HERRERA, J.E., «El nuevo artículo 761 de la...», *Op. Cit.*

176. El problema, como señala ARMENTA DEU, T., «La legitimación en las acciones colectivas», *en VVAA, La tutela de los..., Op. Cit.*, pp. 103-148, «surge a la hora de determinar quiénes son dichos afectados y cómo se repartirán las cantidades ejecutadas». Sobre la legitimación para la ejecución en beneficio de consumidores y usuarios del Ministerio Fiscal ARIZA COLMENAREJO pone de manifiesto los problemas interpretativos que ha suscitado «la falta de sincronización legislativa, la multitud de normas sectoriales al respecto, y la ausencia de sistemática», así como la progresiva incorporación de pretensiones resarcitorias, en «Ejecución de acciones colectivas en España y en la Unión Europea» en VVAA, *Acciones colectivas (cuestiones actuales y perspectivas de futuro)* (Coords. ARMENTA DEU, PEREIRA PUIGVERT), Marcial Pons, Madrid, 2018, p. 256.

Fiscal para el ejercicio de las acciones de cesación[177], retractación y declarativa, lo que, en realidad, resulta innecesario —de nuevo, reiterativo— con la redacción actual del artículo 11.5 de la ley de enjuiciamiento civil LEC[178]. En este sentido, el «afán de sistematización y exhaustividad» del legislador no aporta nada significativo[179].

---

177. Tal y como prevé la citada Ley, a la acción de cesación, además, se le puede acumular como accesoria la de devolución de cantidades que se hubiesen cobrado en virtud de las condiciones a que afecte la sentencia y la de indemnización de daños y perjuicios que hubiere causado la aplicación de dichas condiciones.

178. ARMENTA DEU, T., «La legitimación en las acciones colectivas» *en VVAA, La tutela de los..., Op. Cit.*, pp. 103-148 analiza la situación normativa antes de la inclusión del último apartado en el artículo 11 LEC.

179. GONZÁLEZ PILLADO, E., «Comentarios prácticos a la Ley de Enjuiciamiento Civil. Arts. 6 a 11» *InDret*, nº 3, 2004, p. 30.

CAPÍTULO III
TRATAMIENTO PROCESAL DE LA LEGITIMACIÓN

1. TRATAMIENTO PROCESAL DE LA LEGITIMACIÓN

El tratamiento procesal es, quizás, una de las cuestiones más controvertidas de la legitimación, por su propia naturaleza compleja (más, si cabe, con la proliferación de supuestos de legitimación extraordinaria) y por la anomia legislativa advertida al respecto[180].

Aunque la doctrina mayoritaria considera que la legitimación es el elemento subjetivo de la cuestión material, salvo en las contadas excepciones en las que puede tenerse por un presupuesto procesal[181], la multiplicación y relevancia de los casos de legitimación extraordinaria obliga a tener lo anecdótico como un supuesto más. En este sentido, en el tratamiento procesal de la legitimación es preciso diferenciar entre la legitimación ordinaria y la extraordinaria.

---

180. BANACLOCHE PALAO, J., CUBILLO LÓPEZ, I.J., *Aspectos fundamentales...*, *Op. Cit.*, p. 228.

181. Es tal la irrelevancia que algunos autores daban a estos supuestos que, en ocasiones, no los examinan. Así, a modo de ejemplo, GARBERÍ LLOBREGAT, J., *Capacidad, postulación...*, *Op. Cit.*, p. 78 LORCA NAVARRETE, A., *La persona procesal civil*, *Op. Cit.*, p. 50 refieren que la legitimación no es un presupuesto procesal «en la generalidad de los casos».

2. DE LA LEGITIMACIÓN ORDINARIA

En relación con la legitimación ordinaria, como se ha sostenido, dado que es un elemento de la fundamentación de la pretensión, el juzgador la analizará como cuestión previa al fondo y condicionante del mismo[182]. Así, hay quien lo considera una «cuestión de examen preliminar al fondo», entendiendo por fondo del asunto la cuestión litigiosa[183]. Aunque, como destaca GONZÁLEZ PILLADO, el análisis previo de la legitimación normalmente «se halla implícito y presupuesto en la propia decisión sobre el fondo y sólo se aparece de forma explícita cuando la legitimación ha sido objeto de discusión en el proceso»[184].

Al respecto, el actor tiene la carga de acreditar tanto su relación jurídico material con el objeto litigioso (esto es, la legitimación activa), como la vinculación con la pretensión de la contraparte (la pasiva que alega). Recuérdese que, si lo hace a través de la prueba documental, debe aportarla con la demanda, de acuerdo con el artículo 265.1.1 de la ley de enjuiciamiento civil[185].

---

182. ÁLVAREZ ALARCÓN, A., «Las partes del proceso civil», en ÁLVAREZ ALARCÓN, A., PÉREZ-CRUZ MARTÍN, A.J., *Op. Cit.*, p. 100. Como presupuesto de la acción, su ausencia «significa que el actor no debe recibir la tutela que solicita, porque no tiene relación con los hechos, porque no es titular del derecho que reclama o porque no está legalmente habilitado para pedirla», tal como sostiene ZARZALEJOS NIETO, J., «El enjuiciamiento preliminar de la...», *Op. Cit.*, p. 3.
183. GARBERÍ LLOBREGAT, J., *Capacidad, postulación...*, *Op. Cit.*, p. 86.
184. GONZÁLEZ PILLADO, E., «Comentarios prácticos a la Ley de Enjuiciamiento Civil. Arts. 6 a 11» *InDret*, n° 3, 2004, p. 21.
185. Que dispone «1. A toda demanda o contestación habrán de acompañarse: 1.° Los documentos en que las partes funden su derecho a la tutela judicial que pretenden» vid. GIMENO SENDRA, V., *Derecho procesal civil. I...*, *Op. Cit.*, p. 161 y GIMENO SENDRA, V., «¿Puede el Juez Inadmitir de oficio una demanda por falta de legitimación de las partes?», *Derecho & Sociedad*, n° 38, p.125. En el mismo sentido, ZARZALEJOS NIETO, J., «El enjuiciamiento

Al demandado, por su parte, le incumbe la carga procesal de reconocer su relación jurídica con el objeto litigioso alegada por el actor o, por el contrario, negarla. La parte pasiva puede también invocar la falta de legitimación activa del demandante en su contestación (como momento preclusivo[186]), pero no puede aducir la falta de legitimación pasiva de los restantes codemandados, si los hubiese[187].

El órgano judicial hará un examen *in limine litis* superficial de la vinculación de las partes a la titularidad de la rela-

---

preliminar de la...», *Op. Cit.*, p. 8, que sostiene que entre los documentos de fondo están los que permitan acreditar la legitimación y recalca que «al actor le incumbe concretar en virtud de qué título afirma tener condición legítima para reclamar una determinada tutela judicial, sea su vinculación con los hechos (legitimación ordinaria), sea su condición de sujeto tipificado por una norma habilitante (legitimación extraordinaria)», por ser un elemento constitutivo de la acción. Además, el autor refiere que esa «misma carga le incumbe respecto de la legitimación pasiva del demandado, pues tener solo legitimación activa es condición necesaria pero no suficiente para la estimación de la demanda» Sin embargo, GUERRA PÉREZ señala que «es relativamente frecuente que el actor que se ha confiado en la titularidad de la relación jurídico-procesal invocada no se molesta en acreditar la misma aportando la documental oportuna», vid. el post «La falta de legitimación: ¿cuestión de fondo o forma? ¿puede subsanarse? ¿cuándo debe resolverse?», publicado el 4 de febrero de 2015 y disponible en https://blog. sepin.es/2015/02/falta-de-legitimacion-subsanacion-resolucion (última fecha de consulta: 22 de junio de 2023).

186. GIMENO SENDRA, V., «¿Puede el Juez Inadmitir de oficio una demanda por falta de legitimación de las partes?», *Derecho & Sociedad*, nº 38, p.125 y GIMENO SENDRA, V., *Derecho procesal civil. I...*, *Op. Cit.*, p. 171, quien refiere que el demandado no podrá posteriormente negarla por atentar al principio de «ir contra sus propios actos», tal como también han sostenido las SSTS 9888/1989, de 6 de octubre, 2429/1995, de 14 de marzo, 8161/1999, de 25 de octubre, 5109/2002, de 29 de abril, 5233/2002, de 21 de junio.

187. GIMENO SENDRA, V., *Derecho procesal civil. I...*, *Op. Cit.*, pp. 161-162, quien refiere que lo hará sobre la base de lo dispuesto en el artículo 405, que regula la contestación a la demanda, pero no se refiere expresamente a ello. También lo explica ZARZALEJOS NIETO, J., «el enjuiciamiento preliminar de la...», *Op. Cit.*, p. 9.

ción jurídica u objeto litigioso[188], resolviendo en la sentencia de acuerdo con la actividad probatoria por ser una cuestión *de iudicando* que merece un examen de fondo[189]. Y ello porque el órgano judicial necesitará conocer los argumentos y pruebas en los que las partes sustentan la fundamentación de sus pretensiones que, además, en el caso de la legitimación, se determina por criterios subjetivos[190]. Si el Juez o Tribunal estima la falta de legitimación, dictará una sentencia desestimatoria de la demanda y absolutoria del demandado.

3. DE LA LEGITIMACIÓN EXTRAORDINARIA O DE LOS SUPUESTOS DE NOTORIA FALTA DE LEGITIMACIÓN ORDINARIA. ESPECIAL REFERENCIA A LA CAPACIDAD DE CONDUCCIÓN PROCESAL

En los casos de legitimación extraordinaria o en los que es manifiesta, patente o notoria la falta de legitimación ordi-

---

188. Como señalan SOBA BRACESCO, I., ARREGUI MONDADO, F., «la apertura de la legitimación: el caso de las Instituciones de Asistencia Médica Colectiva y la posibilidad de demandar a terceros por daños ocasionados a sus afiliados». *La ley Uruguay: legislación, jurisprudencia y doctrina*, nº 12, 2011, pp. 1630-1639 «no queda otro remedio que adoptar una actitud provisional, que no puede fundarse más allá de una razonable posibilidad, excluyéndose la certeza»

189. GIMENO SENDRA, V., *Derecho procesal civil. I...*, *Op. Cit.*, pp. 170-171; LORCA NAVARRETE, A., *Conceptos básicos del proceso civil I, Instituto Vasco de Derecho procesal,* San Sebastián, 2022, pp. 18 y ss.

190. En este sentido, GARBERÍ LLOBREGAT, J., *Capacidad, postulación y legitimación de las partes en el proceso civil*, Bosch, Barcelona, 2009, pp. 78-79 destaca que la apreciación judicial sobre la existencia de la legitimación no se basa en criterios objetivos, sino de valoración subjetiva, tales como sus argumentos y los resultados probatorios obtenidos de los medios de prueba que hayan propuesto (y practicado) ambas partes.

naria al inicio de un proceso[191], es posible su examen judicial preliminar, teniéndola por un presupuesto procesal[192], conocido por GIMENO SENDRA como el de «capacidad de conducción procesal»[193].

La única regulación al respecto se encuentra en el artículo 420 de la ley de enjuiciamiento civil en relación con la au-

---

191. GARBERÍ LLOBREGAT, J., *Capacidad, postulación...*, *Op. Cit.*, p. 84 cita como ejemplos de notoria falta de legitimación los siguientes: la demanda de disolución matrimonial presentada por quien no es cónyuge de ese matrimonio, la petición de un sujeto que reclama la propiedad de un astro solar, los mares o lo océanos o los casos en los que está tasada la legitimación y el accionante no consta en ese catálogo legal.

192. Como la capacidad para ser parte, la capacidad procesal, la capacidad de postulación o la capacidad de conducción procesal. En un sentido similar, GUERRA PÉREZ define la legitimación como un «presupuesto del proceso»que, según sostiene «no es lo mismo que una excepción procesal» en el post «La falta de legitimación: ¿cuestión de fondo o forma? ¿puede subsanarse? ¿cuándo debe resolverse?», publicado el 4 de febrero de 2015 y disponible en https://blog.sepin.es/2015/02/falta-de-legitimacion-subsanacion-resolucion (última fecha de consulta: 22 de junio de 2023).

193. GIMENO SENDRA, V., «¿Puede el Juez Inadmitir de oficio una demanda por falta de legitimación de las partes?», *Derecho & Sociedad*, n° 38, p. 118, 119-120. El autor justifica el fundamento de la capacidad de conducción procesal en razones de economía procesal y en el cumplimiento del derecho a un proceso sin dilaciones indebidas. Ello puede fundarse en la inadmisión de las demandas que no se acompañen de los documentos previsto en el artículo 266 de la ley de enjuiciamiento civil que contempla el apartado segundo del artículo 269 de la ley de enjuiciamiento civil El autor también refiere este presupuesto para los supuestos en los que sea evidente que se aparenta una titularidad que no se tiene o que se demanda a un sujeto que nada tiene que ver con la relación jurídica, vid. GIMENO SENDRA, V., *Derecho procesal civil. I. El proceso de declaración. Parte general*, Ediciones Jurídicas Castillo de Luna, Madrid, 2015, pp. 159 y ss. También GONZÁLEZ PILLADO, E., «Comentarios prácticos a la Ley de Enjuiciamiento Civil. Arts. 6 a 11» *InDret*, n° 3, 2004, p. 25 justifica este examen en que se evite «en beneficio de las partes y de la propia Administración de Justicia, la tramitación de un proceso inútil».

sencia de litisconsorcio pasivo necesario[194], que permite al demandando o al Juez de oficio ponerlo de manifiesto y subsanar la parte su falta hasta el momento preclusivo de la audiencia previa o en el plazo no superior a diez días que le conceda el juzgador en la misma.

En los restantes supuestos en los que la falta de legitimación del demandante o del demandado es manifiesta y notoria sin necesidad de otra prueba que la aportada por las partes en sus escritos o en la Audiencia Previa [195], es posible la inadmisión de la demanda o una resolución absolutoria en

194. El litisconsorcio necesario es aquel supuesto en el cual la pretensión procesal ha de ser dirigida frente a varios sujetos, frente a las que se formula una única pretensión, la cual, a su vez, genera un único proceso, tal y como expone MORÓN PALOMINO, M., *Derecho procesal civil...*, *Op. Cit.*, p. 227. Hay supuestos de litisconsorcios necesarios en los que se exige que con la demanda se acredite la legitimación plural mediante la aportación de algunos principios de prueba, como en las tercerías de dominio que regula el artículo 595 del código civil, en las de mejor derecho del artículo 614 de la ley de enjuiciamiento civil o en los alimentos del artículo 266 de la ley de enjuiciamiento civil, *vid.* ÁLVAREZ ALARCÓN, A., «Las partes del proceso civil» en ÁLVAREZ ALARCÓN, A., PÉREZ-CRUZ MARTÍN, A.J., *Op. Cit.*, p. 100. MONTERO AROCA destaca que, aunque el supuesto más común es que la pretensión se ejercite por una única persona frente a una única persona, existen casos en los que se ejercita una pretensión por varias personas y/ frente a varias personas. El autor refiere que, en estos casos, en los que dos o más personas se constituyen en un proceso en la posición de demandado legitimado para que se ejercite una única pretensión, no hay una subordinación entre ellas. Vid. MONTERO AROCA, J., «Las partes: legitimación», en MONTERO AROCA, J., GÓMEZ COLOMER, J.L., BARONA VILAR, S., CALDERÓN CUADRADO, M.P., *Derecho jurisdiccional II. Proceso civil*, 24ª edición, Tirant Lo Blanch, Valencia, 2016, p. 89.

195. Esto es, cuando no esté vinculada a la prueba de titularidad del derecho o de la situación legitimante y, por tanto, condicionada su acreditación a la práctica de medios de prueba en el juicio oral y la posterior contradicción entre partes sobre el resultado que tales medios hayan producido, vid. ZARZALEJOS NIETO, J., «El enjuiciamiento preliminar de la...», *Op. Cit.*, p. 16.

la instancia por el órgano jurisdiccional quedando imprejuzgada la cuestión de fondo sin la celebración del juicio oral[196]. Con ello se evita la tramitación íntegra de un proceso «abocado inevitablemente al absurdo», en virtud del artículo 247.2 de la ley de enjuiciamiento civil[197]. Ello podrá darse de oficio por medio de un auto de inadmisión de la demanda en los casos en los que no se hayan aportado los documentos del artículo 266 de la ley de enjuiciamiento civil —si bien sería deseable que se dictase un plazo para su subsanación—, o plantearse por la contraparte, en cuyo caso sería recomendable una audiencia a las partes antes de la estimación de la excepción de falta de legitimación[198]. Con la regulación actual, esta audiencia a las partes tiene cabida en el marco de la Audiencia Previa del juicio ordinario[199], siguien-

---

196. ZARZALEJOS NIETO defiende que «tal sentencia sí contiene un juicio de fondo, el relativo a la titularidad de la acción, que justificaría su acceso a los recursos extraordinarios» y propone que sea vía artículo 428.3 ó 429.8 de la ley de enjuiciamiento civil, pudiendo dictarse de forma inmediata tras la audiencia previa resolviendo conjuntamente las excepciones procesales junto con la decisión sobre el fondo del litigio, en ZARZALEJOS NIETO, J., «El enjuiciamiento preliminar de la...» *Op. Cit.*, pp. 2, 4. Además, el autor reconoce que es «más razonable» que se dicte una sentencia que un auto para estimar preliminarmente la falta notoria de legitimación, «porque la sentencia es el tipo de resolución coherente con la naturaleza material de la legitimación, porque el demandado tiene derecho a ser absuelto frente a quien no tiene derecho a su condena».

197. GARBERÍ LLOBREGAT, J., *Capacidad, postulación y legitimación de las partes en el proceso civil*, Bosch, Barcelona, 2009, p.

198. Lo que le permitiría al tribunal un análisis diferenciado de la legitimación frente al resto de la cuestión de fondo, vid. ZARZALEJOS NIETO, J., «El enjuiciamiento preliminar de la...» *Op. Cit.*, p. 4.

199. De acuerdo con el artículo 416 que, aunque no contempla expresamente el examen de la legitimación activa y pasiva, contiene una fórmula abierta que permite el examen de «cualesquiera circunstancias que puedan impedir la válida prosecución y término del proceso mediante sentencia sobre el fondo» tal y como refiere GIMENO SENDRA, V., «¿Puede el Juez Inadmitir de oficio una demanda por falta de legitimación de las partes?», *Derecho*

do lo previsto para los defectos de capacidad o representación[200], pero debiese abordarse legislativamente la regulación de un trámite similar para el procedimiento verbal.

De acuerdo con la jurisprudencia, es posible, incluso, la apreciación de la falta de conducción procesal de oficio en apelación y casación[201].Y, de tenerse la legitimación como una cuestión adjetiva, el recurso que se debía plantear frente a la denuncia de su falta es el extraordinario por infracción procesal[202] —ahora derogado— que, aunque obedece a motivos distintos a los de la casación, en la práctica en muchas ocasiones se planteaba juntamente con esta[203].

& *Sociedad*, n° 38, p.125. En *Derecho procesal civil. I. El proceso de declaración. Parte general*, Ediciones Jurídicas Castillo de Luna, Madrid, 2015, p. 171, el autor señala que el examen de la falta de legitimación tiene cabida en el examen de la falta de litisconsorcio, que «encierra una cuestión de falta de legitimación».

200. Es posible seguir el trámite del artículo 418 sobre la base del artículo 425, que señala que «la resolución de circunstancias alegadas o puestas de manifiesto de oficio, que no se hallen comprendidas en el artículo 416, se acomodará a las reglas establecidas en estos preceptos para las análogas» vid. GIMENO SENDRA, V., «¿Puede el Juez Inadmitir de oficio una demanda por falta de legitimación de las partes?», *Derecho & Sociedad*, n° 38, p.125; ÁLVAREZ ALARCÓN, A., «Las partes del proceso civil», en ÁLVAREZ ALARCÓN, A., PÉREZ-CRUZ MARTÍN, A.J., *Op. Cit.*, p. 101 y ZARZALEJOS NIETO, J., «El enjuiciamiento preliminar de la...», *Op. Cit.*, p. 14.

201. SSTS 3 de julio de 2000; 681/2000, de 4 de julio de 2001; 1267/2001, de 31 de diciembre; 948/2002, de 10 de octubre; 930/2002, de 15 de octubre; 681/2004, de 7 de julio; 1275/2006, de 13 de diciembre; 824/2011, de15 de noviembre; 195/2014, de 2 de abril; 401/2015, de 14 de julio; 408/2016, de 15 de junio; 603/2021, de 14 de septiembre; 691/2021, de 11 de octubre.

202. Vid. AATS de 7 de junio de 2005, de 22 de noviembre de 2005, de 19 de junio de 2007, de 22 de junio de 2008 o de 25 de noviembre de 2008. Mantiene una opinión contraria GARBERÍ LLOBREGAT, J., *Capacidad, postulación...*, *Op. Cit.*, p. 87, quien defiende el carácter material de la legitimación.

203. Vid. ZARZALEJOS NIETO, J., «El enjuiciamiento preliminar de la...», *Op. Cit.*, pp. 11 y ss., quien sostiene que se interponga el de infracción

El control de oficio en estos casos en los que la legitimación constituye un presupuesto procesal encuentra su fundamento en la necesidad de sanear el proceso de obstáculos para obtener la tutela judicial efectiva reclamada, constituyendo una actuación de orden público procesal[204].

---

procesal cuando se invoque una valoración absurda o ilógica de la prueba sobre la legitimación y el de casación si se invoca la infracción de la legitimación de forma indisoluble a la existencia misma de la situación jurídica controvertida.

204. Así lo defiende ZARZALEJOS NIETO, J., «El enjuiciamiento preliminar de la...», *Op. Cit.*, p. 9, «aun cuando no haya sido planteada en el periodo expositivo» En el mismo sentido, GARBERÍ LLOBREGAT, J., *Capacidad, postulación...*, *Op. Cit.*, p. 87 y HURTADO YELO, J.J., «Planteamiento de oficio de la excepción de falta de legitimación activa por falta de titularidad del vehículo» *Tráfico y Seguridad Vial*, Nº 179, Sección Cuestiones prácticas, *editorial LA LEY*, diciembre 2013. Véanse, entre otras, las SSTS de 30 enero de 1996 (Id Cendoj: 28079110011996101448); de 6 mayo de 1997 (rec. 1498/1993); 597/1999, de 30 de junio; 481/2000, de 16 de mayo; 180/2001, de 22 de febrero; 681/2000, de 4 de julio de 2001; 948/2002, de 10 de octubre; 930/2002, de 15 de octubre; 484/2003, de 16 mayo; 960/2003, de 20 de octubre; 1037/2005, de 23 de diciembre; de 31 mayo de 2006 (rec. 3297/1999); 970/2007, de 18 de septiembre; 603/2021, de 14 de septiembre; 691/2021, de 11 de octubre; 649/2022, de 6 de octubre.

BIBLIOGRAFÍA

ÁLVAREZ ALARCÓN, A., «Las partes del proceso civil», en ÁLVAREZ ALARCÓN, A., PÉREZ-CRUZ MARTÍN, A.J., RODRÍGUEZ TIRADO, A., SEOANE SPIEGELBERG, J.L., *Derecho procesal. Tomo 1*, 4ª edición, Andavira editora, Santiago de Compostela, 2013.

ARIZA COLMENAREJO, M.J., «Ejecución de acciones colectivas en España y en la Unión Europea», VVAA, *Acciones colectivas (cuestiones actuales y perspectivas de futuro* (Coords. ARMENTA DEU, PEREIRA PUIGVERT), Marcial Pons, Madrid, 2018, pp. 253-271.

ARMENTA DEU, T., «Cosa juzgada y acciones colectivas en el ordenamiento procesal civil español», en *Intereses colectivos y legitimación activa* (Dir. CARBONELL PORRAS; Coord. CABRERA MERCADO), Aranzadi, Cizur Menor, 2014.

ARMENTA DEU, T., «La legitimación en las acciones colectivas», en VVAA, *La tutela de los derechos e intereses colectivos en la justicia del siglo XXI* (Dir. MONTESINOS GARCÍA; Ed. CATALÁN CHAMORRO), Tirant Lo Blanch, Valencia, 2020, pp. 103-148.

ARMENTA DEU, T., *Jueces, fiscales y víctimas en un proceso en transformación*, Marcial Pons, Madrid, 2023.

ARMENTA DEU, T., *Lecciones de Derecho procesal* civil, Marcial Pons, Madrid, 2021.

ARMENTA DEU, T., *Lecciones de Derecho Procesal Civil*, segunda edición, Marcial Pons, Madrid, 2004.

ARNAIZ SERRANO, A., *Las partes civiles en el proceso penal*, Tirant lo Blanch, Valencia, 2006.

ARRABAL PLATERO, P., «La protección civil del honor en el contexto tecnológico: indemnización del daño moral; especial referencia a la prueba», *Práctica de Tribunales*, nº 142, 2020, pp. 1-36.

ARRABAL PLATERO, P., «La prueba de la intromisión ilegítima en el Derecho fundamental al honor. Especial referencia a la STC 214/1991, de 11 de noviembre», en *Derecho probatorio y otros estudios procesales. Liber Amicorum Vicente Gimeno Sendra*, Ediciones Jurídicas Castillo de Luna, 2020, pp. 141-160.

ASENCIO MELLADO (Dir.), FUENTES SORIANO (Coord.), *Derecho procesal civil. Parte general*, Tirant Lo Blanch, Valencia, 2019.

ASENCIO MELLADO, J.M., «La prueba en el ámbito de la protección de los consumidores y usuarios», *Práctica de tribunales: revista de derecho procesal civil y mercantil*, nº 77, 2010

ASENCIO MELLADO, J.M., *Derecho procesal civil*, Tirant Lo Blanch, Valencia, 2015.

ASENCIO MELLADO, J.M., *Introducción al derecho procesal*, Tirant Lo Blanch, Valencia, 2015.

ASENCIO MELLADO, J.M., *Prejudicialidad en el proceso penal y criminalización social*, Tirant lo Blanch, Valencia, 2015

BANACLOCHE PALAO, J., CUBILLO LÓPEZ, I.J., *Aspectos fundamentales de Derecho Procesal Civil*, 3ª edición, Wolters Kluwer, Madrid, 2016.

BARBERO GONZÁLEZ, M.V., «Los derechos e intereses supraindividuales: una oportunidad perdida en el Anteproyecto de Ley de acciones de representación», *Diario LA LEY*, Nº 10345, Sección Doctrina, 11 de septiembre de 2023.

COROMINAS BACH, S., *Procesos colectivos y legitimación. Un necesario salto hacia el futuro*, Marcial Pons, Madrid, 2018

COUTURE, E.J., *Fundamentos del Derecho procesal civil*, tercera edición, De Palma, Buenos Aires, 1958.

DAMIÁN MORENO, J., «Tener o no tener legitimación. De eso se trata», *Almacén de Derecho*, diciembre 2016.

FERNÁNDEZ LÓPEZ, M., «Las partes», en *Derecho procesal civil. Parte general* (Dir. ASENCIO MELLADO; Coord. FUENTES SORIANO), Tirant Lo Blanch, Valencia, 2019.

FONTANILLA PARRA, J.A., «Legitimación de las asociaciones de consumidores y usuarios para litigar en interés de sus asociados y derecho de asistencia jurídica gratuita», *Diario La Ley*, Nº 5740, Sección Doctrina, 17 de marzo de 2003.

FUENTES SORIANO, O., «La demanda» en *Derecho procesal civil. Parte general* (Dir. ASENCIO MELLADO; Coord. FUENTES SORIANO), Tirant Lo Blanch, Valencia, 2019.

GARBERÍ LLOBREGAT, J., *Capacidad, postulación y legitimación de las partes en el proceso civil*, Bosch, Barcelona, 2009 .

GASCÓN INCHAUSTI, F., «Artículo 16», en VVAA, *Comentarios a la Ley sobre condiciones generales de la contratación* (Dirs. MENÉNDEZ MENÉNDEZ, DÍEZ-PICAZO Y PONCE DE LEÓN; Coord. ALFARO ÁGUILA-REAL), Civitas, Madrid, 2002.

GASCÓN INCHAUSTI, F., «Artículo 17», en VVAA, *Comentarios a la Ley sobre condiciones generales de la contratación* (Dirs. MENÉNDEZ MENÉNDEZ, DÍEZ-PICAZO Y PONCE DE LEÓN; Coord. ALFARO ÁGUILA-REAL), Civitas, Madrid, 2002.

GÁZQUEZ SERRANO, L., «Valoración del daño por fallecimiento: problemas de legitimación activa y perjudicados por el fallecimiento», *Revista de Responsabilidad Civil y Seguro*, nº 52, 2014.

GIMENO SENDRA, V., «¿Puede el Juez Inadmitir de oficio una demanda por falta de legitimación de las partes?», *Derecho & Sociedad*, nº 38, 2012.

GIMENO SENDRA, V., *Derecho procesal civil. I. El proceso de declaración. Parte general*, Ediciones Jurídicas Castillo de Luna, Madrid, 2015.

GIMENO SENDRA, V., *Derecho procesal civil. I. El proceso de declaración. Parte general*, Ediciones Jurídicas Castillo de Luna, Madrid, 2009.

GIMENO SENDRA, V., MIRA ROS, C., «La legitimación de las asociaciones de consumidores para la impugnación de las condiciones generales de la contratación», *Diario La Ley*, nº 6263, 30 de mayo de 2015.

GÓMEZ DE LIAÑO GONZÁLEZ, F., GÓMEZ DE LIAÑO DIEGO, R., «Nuevamente sobre la legitimación», *Justicia: revista de derecho procesal*, nº 3-4, 2007.

GÓMEZ ORBANEJA, E., *Derecho procesal civil. Volumen primero. Parte general*, Artes y Gráficas ediciones, Madrid, 1976.

GONZÁLEZ GARCÍA, J.M., «Las partes principales», en *Nociones preliminares de Derecho Procesal Civil* (Dirs. NIEVA FENOLL, BUJOSA VADELL), Atelier, Barcelona, 2015.

GONZÁLEZ PILLADO, E., «Comentarios prácticos a la Ley de Enjuiciamiento Civil. Arts. 6 a 11», *InDret*, nº 3, 2004.

GUASP, J., *Derecho procesal civil*, Instituto de estudios políticos, Madrid, 1956.

GUTIÉRREZ DE CABIEDES, P., «Acciones colectivas: pretensiones y legitimación» en VVAA, *Acciones colectivas (cuestiones actuales y perspectivas de futuro* (Coords. ARMENTA DEU, PEREIRA PUIGVERT), Marcial Pons, Madrid, 2018, pp. 17-59.

HURTADO YELO, J.J., «Planteamiento de oficio de la excepción de falta de legitimación activa por falta de titularidad del vehículo», *Tráfico y Seguridad Vial*, Nº 179, Sección Cuestiones prácticas, *editorial LA LEY*, diciembre 2013.

JUAN SÁNCHEZ, R., «"Nadie litiga por otro" o la inexistencia de la legitimación extraordinaria: una clasificación de las situaciones legitimantes desde una perspectiva comparada franco-española», *Revista General de Derecho Procesal*, Nº. 13, 2013.

JUAN SÁNCHEZ, R., «El interés jurídico como criterio de legitimación en el proceso civil», *Teoría y derecho: revista de pensamiento jurídico*, Nº. 10, 2011.

JUAN SÁNCHEZ, R., *La legitimación en el Proceso civil. Los titulares del Derecho de acción: Fundamentos y reglas*, Aranzadi, Cizur Menor, 2014.

LÓPEZ YAGÜES, V., «La legitimación», en *Derecho procesal civil. Parte general* (Dir. ASENCIO MELLADO; Coord. FUENTES SORIANO), Tirant Lo Blanch, Valencia, 2019.

LORCA NAVARRETE, A., *Conceptos básicos del proceso civil I*, Instituto Vasco de Derecho procesal, San Sebastián, 2022.

LORCA NAVARRETE, A., *La persona procesal civil*, Instituto Vasco de Derecho procesal, San Sebastián, 2022.

MARTÍ PAYÁ, V., «La legitimación activa en la mediación colectiva sobre consumo», en VVAA, *Acciones colectivas (cuestiones actuales y perspectivas de futuro* (Coords. ARMENTA DEU, PEREIRA PUIGVERT), Marcial Pons, Madrid, 2018, pp. 413-428.

MARTÍNEZ GARCÍA, E., «Las partes: legitimación», en *Proceso civil. Derecho Procesal II* (Coords. GÓMEZ COLOMER, BARONA VILAR), Tirant Lo Blanch, Valencia, 2023.

MONTERO AROCA, J., «Las partes: legitimación», en MONTERO AROCA, J., GÓMEZ COLOMER, J.L., BARONA VILAR, S., CALDERÓN CUADRADO, M.P., *Derecho jurisdiccional II. Proceso civil,* 24ª edición, Tirant lo Blanch, Valencia, 2016.

MONTERO AROCA, J., *El Derecho Procesal en el Siglo XX. Tres ensayos: Uno general y dos especiales,* Fondo editorial de la Academia de la Magistratura, Lima, 2016.

MONTERO AROCA, J., *La legitimación en el proceso civil (Intento de aclarar un concepto que resulta más confuso cuanto más se escribe sobre él),* Civitas, Madrid, 1994.

MONTESINOS GARCÍA, A., «Aspectos procesales de las acciones colectivas en defensa de los consumidores de servicios bancarios», *Revista de derecho bancario y bursátil,* Año nº 34, Nº 139, 2015, pp. 247-273.

MORENO CATENA, en CORTÉS DOMÍNGUEZ, V., MORENO CATENA, V., *Derecho procesal civil. Parte general,* Tirant Lo Blanch, Valencia, 2019.

MORÓN PALOMINO, M., *Derecho procesal civil (Cuestiones fundamentales),* Marcial Pons, Madrid, 1993.

NAVARRO HERNÁN, M., *Partes, legitimación y litisconsorcio en el proceso civil,* Colex, Madrid, 1998.

NIEVA FENOLL, J., *Derecho procesal II. Proceso civil,* segunda edición, Tirant Lo Blanch, Valencia, 2022.

OCHOA MONZÓ, V., «Legitimación, publicidad e intervención en procesos para la protección de derechos e intereses de consumidores y usuarios», *Práctica de tribunales: revista de derecho procesal civil y mercantil,* Nº. 38, 2007, pp. 34-47.

ORTELLS RAMOS, M., «Litigiosidad masiva y proceso civil», en VVAA, *El proceso civil ante el reto de un nuevo panorama socioeconómico* (Dirs. GARCÍA-ROSTÁN CALVÍN, SIGÜENZA LÓPEZ; Coords. TOMÁS TOMÁS, CASTILLO FELIPE), Aranzadi, Cizur Menor, 2017.

ORTELLS RAMOS, M., JUAN SÁNCHEZ, R., «La legitimación», en *Derecho procesal Civil* (Dir. Y Coord. ORTELLS RAMOS), 17ª edición, Aranzadi, Cizur Menor, 2018.

PADILLA HERRERA, J.E., «El nuevo artículo 761 de la Ley 1/2000 de 7 de enero, de Enjuiciamiento Civil, priva al Ministerio Fiscal de legitimación activa, en el proceso contencioso de revisión de las medidas de apoyo judicialmente acordadas», *Diario LA LEY*, Nº 10400, 4 de diciembre de 2023.

PANISELLO MARTÍNEZ, J., «Algunos problemas en torno a la asunción del coste de los daños por los actos propios de otros, en el ámbito de la responsabilidad civil», *Revista CEFLegal*, 263, 2022.

PERTÍÑEZ VÍLCHEZ, F., VACAS CHALFOUN, Á., RAYÓN BALLESTEROS, M.C., BUENOSVINOS GONZÁLEZ, H., FERNÁNDEZ LÓPEZ, M., TORRE SUSTAETA, M.V., «Diálogos para el futuro judicial LVII. El pleito testigo y la extensión de efectos en el proceso civil» (Coord. PEREA GONZÁLEZ), *Diario LA LEY*, Nº 10222, Sección Plan de Choque de la Justicia, 6 de febrero de 2023.

PLANCHADELL GARGALLO, A., «Acciones colectivas y salud» en VVAA, *Acciones colectivas (cuestiones actuales y perspectivas de futuro* (Coords. ARMENTA DEU, PEREIRA PUIGVERT), Marcial Pons, Madrid, 2018, pp. 332-354.

REIFARTH MUÑOZ, W., *La tutela colectiva de los derechos fundamentales*, Aranzadi, Cizur Menor, 2023.

SÁNCHEZ LÓPEZ, B., *Acción subrogatoria y sustitución procesal (análisis y prospectivas)*, Marcial Pons, Madrid, 2017.

SCHUMANN BARRAGÁN, G., «La litigación civil por daños al medio ambiente. ¿son los derechos de la naturaleza una alternativa razonable?», *Revista de la Asociación de Profesores de Derecho Procesal de las Universidades españolas*, nº 8, Tirant Lo Blanch, 2023, pp. 185-216.

SEIXAS DE SOUSA, M.B., *A Ilegitimidade Singular*, Almedina, Coimbra, 2022.

SOBA BRACESCO, I., ARREGUI MONDADO, F., «La apertura de la legitimación: el caso de las Instituciones de Asistencia Médica Colectiva y la posibilidad de demandar a terceros por daños ocasionados a sus afiliados», *La ley Uruguay: legislación, jurisprudencia y doctrina*, nº 12, 2011, pp. 1630-1639.

TARUFFO, M., «Racionalidad y crisis de la ley procesal», *Doxa*, nº 22, 1999.

VÁZQUEZ, I., «La importancia del principio pro actione para el acceso a la justicia», *Revista Derecho Y Salud*, Universidad Blas Pascal, 5(6), 2021, pp. 155-165.

VVAA, *La tutela de los derechos e intereses colectivos en la justicia del siglo XXI* (Dir. MONTESINOS GARCÍA; ED. CATALÁN CHAMORRO), Tirant Lo Blanch, Valencia, 2020.

ZABALLOS ZURILLA, M., «El Anteproyecto de Ley de acciones de representación para la protección de los intereses colectivos de los consumidores: aspectos clave», *Revista CESCO De Derecho De Consumo*, nº 46, 2023, pp. 68-86.

ZARZALEJOS NIETO, J., «El enjuiciamiento preliminar de la falta notoria de legitimación (Un supuesto de sentencia inmediata)», *Revista General de Derecho procesal*, Iustel, 56, 2022.